D1674474

金字塔原理

—实战篇—

全面提升思考、表达和解决问题的能力

〔美〕芭芭拉·明托　著　　罗若苹　译

THE MINTO
PYRAMID
PRINCIPLE

南海出版公司

新经典文化股份有限公司
www.readinglife.com
出　品

目录

第 4 篇　如何提炼思想

金字塔原理课程介绍

接受别人的邀请做收费研究要面对一个问题——你或早或晚需要将自己的研究以书面方式呈现出来。虽然我们的科技不断进步，但仍然需要有一个人坐下来，写出一份令人信服的报告、说明、提案或记录。

对一些人而言，"写下来"是个让人心情沉重的要求——它代表着不断地熬夜与不停地修改。如果你曾经期望找到一种方法，可以帮你节省写作时间、将作品改得更好，甚至把表达复杂思想变成一件令人愉悦的事，那么金字塔原理课程就是为你而设的。

不过，这并不代表撰写研究报告会很轻松，它并不容易。问题在于我们的心态。一般说来，若不先把构想说出来或是写下来，人们很少能清楚地知道自己在想什么。也就是说，如果不能预先理清思绪，就无法简洁地陈述思想。因此，靠写作沟通复杂的观点是一种循环往复的活动，首先应写下大致的构想，然后再加以修饰，以期能准确表达思想。要特别注意的是，不要落入重复的陷阱。

为避免这个问题，需要从两个方面把握：一是要关注思想的起始、发展及它们之间的关系，二是要注意用词是否准确。金字塔原理所要传达的就是，在将思想完整表达出来之前，要确实掌握正确的架构。

根据金字塔原理，条理清晰的文章总是符合金字塔结构的。在这一结构中，思想以几种合乎逻辑的方式组合（纵向关系与横向关系），因此可以总结出几项通用原则。想要清楚地表达，关键在于，开始撰写文章之前，先以金字塔的模式架构你的思想，然后仔细检查其中的逻辑关系，如此才能依照明确的程序把金字塔结构的思想转化成读者或听众可以很快理解的文字。

你可以通过本书所提供的练习题来掌握各种技巧。本书包括 4 个部分、6 大练习，可以帮助你理清心中的想法，并强化自己架构思想的能力。

- 为什么金字塔结构是能组织思想并让读者清楚了解其中意思的理想架构？
- 金字塔原理如何帮助你找出思想之间的纵向关系？
- 如何把不同思想横向联系起来？
- 如何通过序言把握文章的中心？
- 建立金字塔结构需要遵循哪些步骤？
- 培养一种技巧，确保金字塔结构中的思想能有效反映人们的思考。

在利用本书完成各项习题时，我们建议你参考《金字塔原理》一书中的相关章节。请坚持练习，直到你确定自己掌握了相应的技巧。这样的深入反省和认真练习有助于你提高写作能力。

快乐学习吧！

芭芭拉·明托

图解金字塔原理课程的概念

❶ 序言就是告诉读者一个他已经知道的故事。

❷ 大部分文章都在回答下图中列出的 4 类问题之一。

❸ 在最高层级的论点之下只有 3 类可能的问题。

❹ 在金字塔结构内加入纵向关系，以引导疑问–回答式对话：

　　若问题是"如何"，答案应陈述"步骤"；

　　若问题是"为什么"，答案应陈述"理由"；

　　若问题是"你如何知道"，答案应是"论证"；

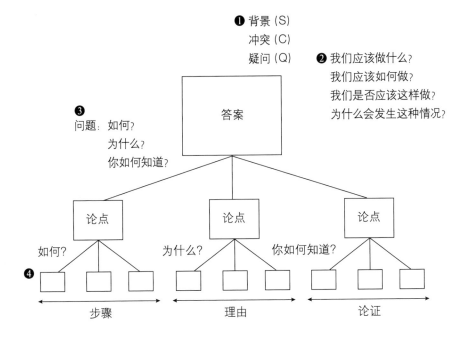

一旦确定了金字塔结构中的某个论点，它就会在读者的心中自动引出一个问题，而你须以演绎推理或归纳推理的形式来回答。

❺ 在演绎推理中，每一个思想均由前一个思想导出。

❻ 在归纳推理中，不同的思想之间具有共性。

对一系列行动性思想进行总结，其实就是陈述采取这些行动的结果；对一组描述性思想进行总结，就是从句子的主语、谓语或论述过程中隐含的意思等之间的共性得出推论。

❼ 3 种逻辑顺序。

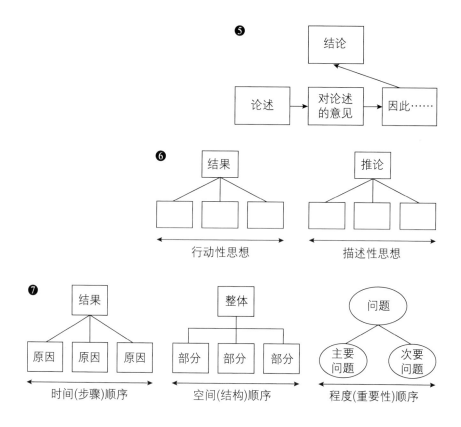

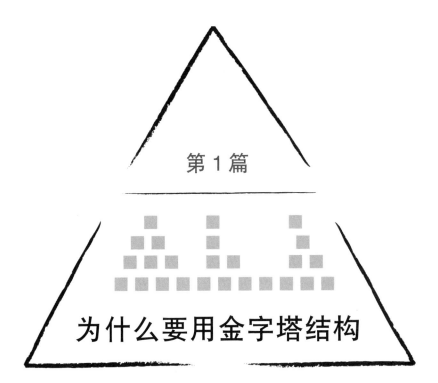

第 1 篇

为什么要用金字塔结构

练习 1

了解基本概念

在《金字塔原理》第 1 章中，我解释过，金字塔结构是组织、安排思想的理想架构，只要掌握了正确的写作过程，就能让读者充分理解你想表达的思想。同时，理想的写作也显现出以下特点：

- 条理清晰的文章，在结构上总是呈现金字塔形状，自上而下地阐述。
- 各组思想之间的关系必须符合金字塔原则。
- 你一定要预先让读者掌握文章的金字塔结构，才能让他们了解你文章的含义。

如果想学习建立自己的金字塔结构，请确定你已经理解了以上这些观点。接下来的 3 组练习可以帮助你初步了解建立金字塔结构的方法。

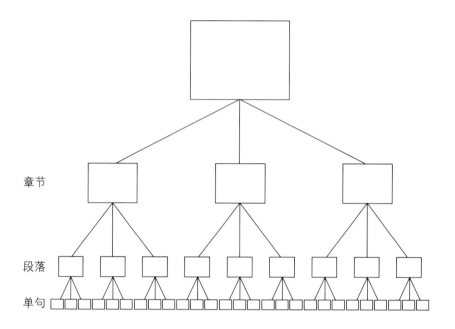

章节

段落

单句

找出结构

清晰的写作，观点多半能形成金字塔结构

未采用金字塔结构的文章，传达的信息通常会比较模糊。下面几个例子可以说明这一点：

请仔细阅读每个例子并注意其中的金字塔结构，你可以看到文字如何与结构互为呼应。每个例子都包括未经修改的原文和根据金字塔结构调整后的文章，比较一下，你会发现重写后的文章比原文更容易理解。

同时你也会清楚地发现，如果陈述论点时简洁一些，读者和作者都更易于把握文章的金字塔结构。当你开始构建自己的金字塔结构时，这项技巧会很有用。

练习 1A-1：

观察金字塔结构如何更清楚地传递信息。

电话信息

原文

约翰·科林斯来电话说他不能参加下午 3 点的会议了。哈尔·约翰逊说他不介意晚一点开会，明天开也可以，但明天 10：30 以前不行。唐·克利福德的秘书说，唐·克利福德明天晚些时候才能从法兰克福赶回来。但会议室明天已经有人预订了，星期四可以预订。会议时间定在星期四上午 11 点似乎比较适合。您看行吗？

• 科林斯今天不行 • 约翰逊明天 10：30 以后可以 • 克利福德星期四以前不行	星期三无法预订会议室，星期四可以预订	星期四上午 11：00 开会可以吗

修正后

原定今天的会议可以改在星期四上午 11 点开吗？因为这样对科林斯和约翰逊都比较方便，克利福德也能参加，并且本周只有这一天还可以预订会议室。

練習 1A-2：

观察金字塔的结构是如何显示出更清楚的讯息的。

零售价调查备忘录

原文

收件人：	日期：
发件人：	主题：零售价调查

在 4 月 23 日的信件中，我们提出两点改进石油零售价调查的意见。除了这些想法之外，我们还建议重估最新被调查的店家数。目前我们调查的多是自助式管理的店铺（包括加油站、杂货店等），这些调查结果会影响市场的实际价格。在我们调查的 705 家 Arc 加油站中，只有 243 家（比例为 34%）店被归类为"A"级或是长期绩优店。这些店都销售兴旺，而这里的竞争也最激烈，因此我们认为这 34% 的店并不能反映市场的实际价格。事实上，我们建议只考虑"A"级店铺。显然，如果我们修改被调查的 Arc 加油站，我们也必须修改竞争对手的店铺数据，并使之有可比性。

最后，我们建议将计划中自助店的比例由 50% 改为 70%，如此比较符合目前的市场现状。

零售价调查的重要性日益显著，因此我们必须采取行动，以确保所调查的资料能真实反映市场的现状。

感谢你的协助。

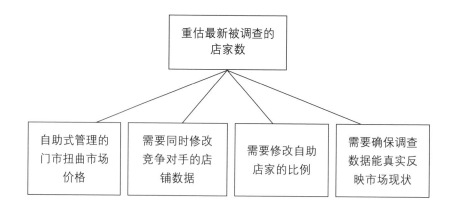

修正后

收件人：   日期：

发件人：   主题：零售价调查

　　诚如你所知道的，零售价调查的重要性日益显著，使得我们必须确保所调查的数据能真正反映市场的现状。为了达到这个目的，我们建议重估最新被调查的店家数，以便确定调查的数据能真实反映市场的状况。具体做法如下：

1. **只调查"A"级店铺**。目前我们调查的多是自助式管理的店铺（包括加油站、杂货店等），而这样的做法有可能扭曲市场价格。在我们所调查的 705 家 Arc 加油站中，只有 243 家（比例为 34%）被归类为"A"级店铺（即长期绩优店铺）。这些店铺有很好的销售额，而竞争也最激烈。若只调查 34% 的店铺，将使得我们无法了解在主要市场中我们实际的价格情况。

2. **修改竞争对手的店铺数据**。很明显，如果我们修改调查的店铺，也要同时修改竞争对手的店铺数据，使之有可比性。

3. **改变自助店的比例。** 将计划中自助店的比例由 50% 改为 70%，这个数字比较符合现状。

感谢你的协助。

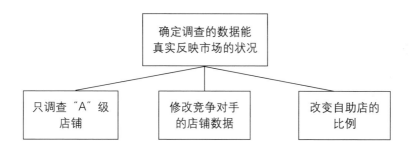

观察金字塔结构如何更清楚地传递思想。

电子档案管理的分析报告

原文

电子档案管理

尽管使用电子文件更高效，但是在实际操作和成本效益上仍存在一些问题。采用电子档案管理的问题有：

1. 公司方面

　　a. 公司无法承担保管文件（信息）的责任。

　　b. 系统的档案分享需要配合调整员工的工作方式。

　　c. 公司并未考虑处理文件产生的费用。

　　d. 电子档案管理属于公司运营范围，不只是工作的自动化。

2. 信息索引的需求

　　a. 索引标准很关键——"新的功能"。

　　b. 索引不能只是一个附加功能，而与文件的生成或接收无关。

　　c. 对索引／检索的内容分析有很大需求。

3. 技术

　　a. 不能满足每个员工的使用需求。

　　b. 个人使用档案时存在潜在风险。

4. 效益

    a. 成本绩效和功能不能满足实际的需求。

    b. 企业没有急迫的需求，而且电子档案管理也会产生许多
       支出。

    c. 决策者认为目前的档案管理不存在问题。

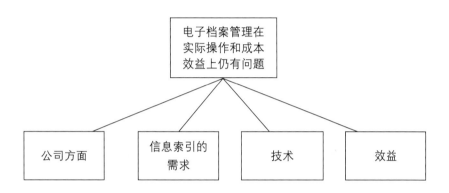

修正后

电子档案管理

企业近期并不适合采用电子档案管理。

1. 决策者认为目前在档案管理方面不存在问题。

    • 他们没有意识到档案管理实际的成本支出。

    • 因为公司内部的既有制度，他们没注意到这个问题。

2. 可用的管理系统价格昂贵，而且效果并不明显。

3. 使用电子档案管理系统将需要员工改变工作方式，且会产生高额成本。

    • 员工不愿改变原有的档案管理方式。

    • 员工不愿分享档案。

    • 员工不愿检索档案。

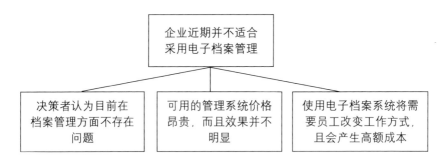

学习金字塔原则

各思想组之间的关系必须符合金字塔原则

文章中的思想一定要符合金字塔结构，你可以根据金字塔原理的一些原则来定义各思想组之间的关系。无论文章的主题是什么，以下原则都适用。

原则 1：文章中任意一个层次的思想都是对其下一层次思想的总结概括。

原则 2：每组中的思想必须属于同一个逻辑范畴。

原则 3：每组中的思想必须按照逻辑顺序来组织。

开始写作之前，你可以先把所有的思想套用到金字塔结构内，看看是否符合这些原则。如果与其中某项原则有出入，意味着你的想法是无效的，或者不完整的。这样，在与读者沟通之前，你便能先行修补漏洞。

下文是我们在练习 1A 中讨论过的 3 个例子。你可以试着分析一下，每个例子与哪些原则不符。

解答在本书第 264 页。

原则 1：文章中任意一个层次的
　　　　思想都是对其下一层次
　　　　思想的总结概括。
原则 2：每组中的思想必须属于
　　　　同一个逻辑范畴。
原则 3：每组中的思想必须按照
　　　　逻辑顺序来组织。

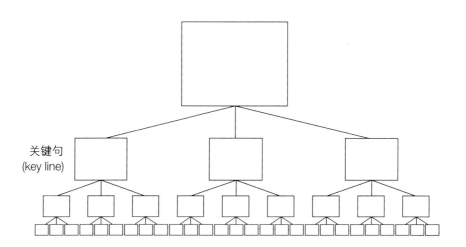

关键句
(key line)

练习 1B-1：

理清原文的问题。

电话信息

原文

• 科林斯今天不行 • 约翰逊明天 10：30 　以后可以 • 唐·克利福德星期 　四以前不行	星期三无法预订会议 室，星期四可以预订	星期四上午 11：00 开会可以吗

☐ **原则 1**：有些层次的思想并不是对其下一层次思想的总结概括。

☐ **原则 2**：某些组中的思想不属于同一个逻辑范畴。

☐ **原则 3**：某些组中的思想没有按照逻辑顺序来组织。

修正后

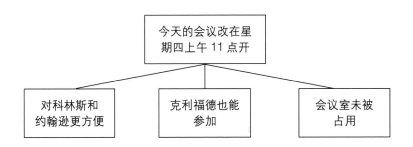

练习 1B-2：

理清原文的问题。

零售价调查备忘录

原文

☐ 原则 1：有些层次的思想并不是对其下一层次思想的总结概括。

☐ 原则 2：某些组中的思想不属于同一个逻辑范畴。

☐ 原则 3：某些组中的思想没有按照逻辑顺序来组织。

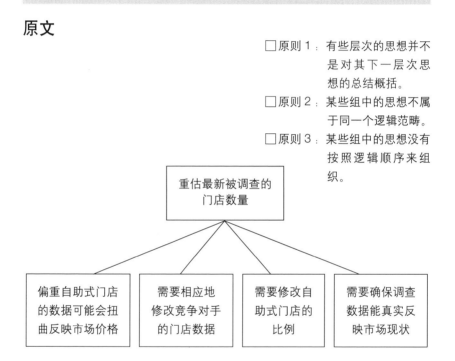

修正后

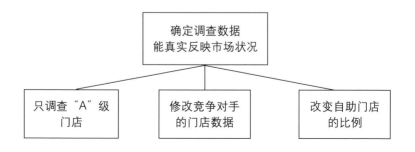

练习 1B-3：

理清原文的问题。

电子档案管理之分析报告

原文

☐ 原则 1：有些上层次的思想并
不是对其下一层次
思想的总结概括。

☐ 原则 2：某些组中的思想不属
于同一个逻辑范畴。

☐ 原则 3：某些组中的思想没有
按照逻辑顺序来组
织。

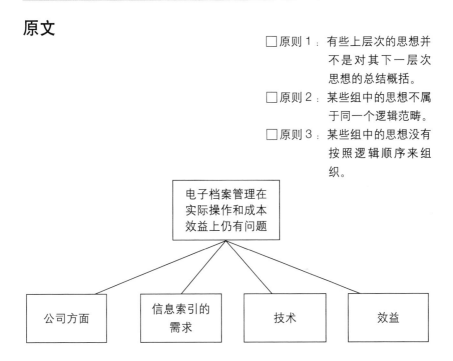

修正后

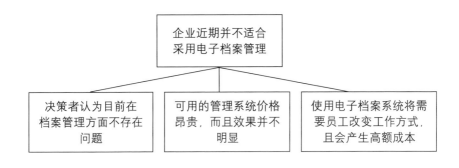

练习 1C

掌握文章思想

读者一定要先掌握金字塔结构，才能掌握文章的思想

一旦你清楚地知道自己要表达的是什么，就可以与读者进行沟通了。一般而言，应该从金字塔结构的顶端开始，然后依次向下推演。当然，你免不了会以文字包装整个思想结构，为其增加感情和趣味，甚至是优雅的气息。但是作为读者，一定要先掌握了文章的金字塔结构，才能掌握文章的思想，所以你应该把金字塔结构当作写作大纲，方能理清文脉。

人们常用各种方式包装文章结构，增加题材、界定各种条件、暗示各种观点，而非直截了当地陈述。人们还会用不同的字眼反复诉说同一件事，甚至改变金字塔结构的顺序来陈述观点。因此，你一定要掌握提炼文章结构的技巧，理解作者真正想要传递的信息。

以下 4 段文摘，由简至繁，你可以利用它们进行练习，试试看通过掌握其中的结构，能否理解文摘传递的信息。请剪下"附录"页的标签内容，贴入方框内。

解答在本书第 264 ～ 266 页。

练习 1C-1：

剪下第 323 页"附录"的论点标签，贴在恰当的方框中。

人事系统

　　卓越的公司 CEO 往往也是公司真正的人事主管。普通的 CEO 与这些公司的优秀 CEO 所做的事之间有极大差异。首先，后者会充分参与企业的运作，了解基层人员的工作内容。其次，他们对质量的要求非常高，对"优秀"有独到的理解，而且有能力辨识优劣。而许多普通 CEO 最大的问题是无法分辨孰优孰劣，因此也就不知道什么样的质量要求才是合理的。最后，优秀的 CEO 还要确保负责最重要工作的人员具备岗位所必需的素质。

【出处】

GUILLERMO G. MARMOL AND R. MICHAEL MURRAY，JR.

Leading from the Front

The McKinsey Quarterly, 1995, Number 3

练习 1C-2 :

剪下第 323 页"附录"的论点标签,填入恰当的方框中。

法国的真相

法国政府积极参与经济事务,与其国内私有企业的弱势和大企业无法独立面对竞争、掌控优势互为因果。也就是说,在历史发展中,法国政府在极权统治时期通过税收和专卖制度掌控着私有企业,造成法国私有企业的创新和组织能力薄弱。在之后的岁月中,私有企业薄弱的开创精神又成为政府介入的理由,政府企图激活谨慎而缺乏创新能力的私有企业。国家的介入造成私有企业持续的依赖心理。20 世纪社会主义政府执政时期问题变得更复杂,因为意识形态的关系,即使私有企业可以自食其力,政府也想将它们国有化。之后上台的保守政府也是出于意识形态的原因,又想把这些企业私有化。

【出处】

FRANCIS FUKUYAMA

Trust: The Social Virtues and the Creation of Prosperity

The Free Press, 1995

練习 1C-3：

剪下第 323 页"附录"的论点标签，贴在恰当的方框中。

1860 年美国工程师的工作状态

1800 ～ 1860 年，美国工程师为了应对特殊的环境，比大多数其他群体的人工作更努力。

这是因为他们面临着极大的挑战，几乎是从零开始。他们处境艰难，出现丝毫偏差就会遭遇失败，因而不得不加倍努力工作。建造运河、铁路——在这个国家中不断出现的新事物——需要大量的资金和管理技术，但是这两者都很紧缺，所以他们必须要有坚定的意志和努力奋进的精神。

另外还有一个原因，在工业发展的早期，无论是齿轮装置、蒸气配件、螺旋桨轴，还是简单如火炉的炉箅子，工作时都常常出现问题，遇到问题又不能放任不管，等人来维修，工程师们必须在 24 小时内解决所有问题。他们要处理各种事务，比如建造长达 300 英里的运河、处理正在熔化的金属等，而这些问题都是前所未有的。

很少有人了解工程师们面对的困难和需要付出的努力，那些困难是难以想象的，因为他们脱离了原有的生活模式和传统的工作方式。他们如此努力，同时也是出于责任感。

【出处】

ELTING E. MORISON

From Know-How to Nowhere: The Development of American Technology

Basic Books Inc., 1074

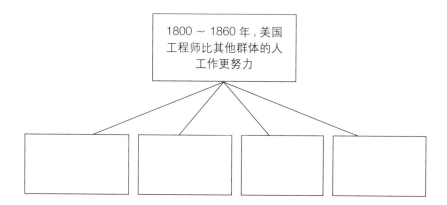

练习 1C-4：

剪下第 323 页"附录"的论点标签，贴在恰当的方框中。

经济增长率的下降

对大部分美国人来说，1973 年以后，经济增长率降低 1%（从 3.4% 降至 2.3%）并不是一件严重的事。美国人通常会假定，且专家也时常告诉大家，以前人们的生活更辛苦。一些人坚信，美国过去 20 年经济增长放缓，是因为第二次世界大战后的 25 年发展太过迅速。当时美国很轻易就主宰了全世界的经济，普通人也享受到了经济快速增长带来的财富。

但是，到了 20 世纪 90 年代早期，参照美国历史上任何时期的标准来看，此前 20 年经济放缓，都是异常的。早期的经济增长评估方法虽然不如现在的可靠，但是它们显示出自美国内战以来，也可能早至 1800 年，还没有经历过长达 20 年的经济放缓，除了经济大萧条时期。

- 事实上，第二次世界大战后，经济之所以飞速发展，是因为婴儿潮时期出生的人口大量进入劳动力市场。劳动力人口增加的速度比总人口增加的速度快 1.5 ～ 2 倍。假如经济保持这样的发展势头，则美国的人均国内生产总值在 20 世纪 70 ～ 80 年代的增长应该比长期的平均增速更快，因为这段时期有更高比例的劳动力人口。
- 但是，到 20 世纪 90 年代初，人均国内生产总值每年的增长率只有 1.3%，比 1948 ～ 1973 年的增长率足足减少了 1 个百分点，比 1870 年以后 1.8% 的年平均增长率低 0.5 个百分点。

如果 1973 年以后人均国内生产总值只有 1.8%，那么要靠联邦税收的增加和债务利息的减少来消除联邦赤字至少要等到 1993 年。

虽然 1948 ～ 1973 年美国的年均经济增长率接近 4%，但是这在美国工业史中并不是唯一的。如我们所见，自 1870 年起的年平均增长率为 3.4%。

- 但是如果我们回到 1820 年，当时美国的经济第一次开始快速增长，扣除通货膨胀率之后，每年的平均增长率为 3.7%。
- 1870 ～ 1910 年，美国完成了工业化，经济规模已经相当庞大，平均增长率为 4%，且经济快速增长持续的时间远超过第二次世界大战后。

所以，第二次世界大战后 20 年的经济快速发展并不异常，异常的是 1973 年以后 20 多年的经济增长放缓。

【出处】

JEFFREY MADRICK

The End of Affluence: The Causes and Consequences of America Economy Dilemma

Random House, 1995

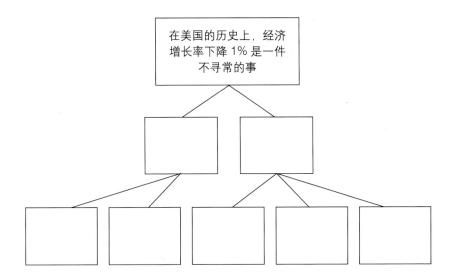

在美国的历史上，经济增长率下降 1% 是一件不寻常的事

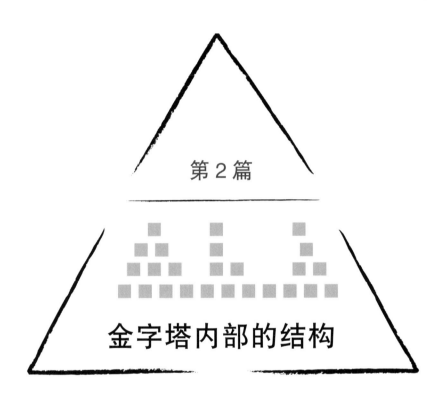

第 2 篇

金字塔内部的结构

建立纵向的关系

引导纵向的"疑问-回答"式对话

现在，你应该了解金字塔结构的作用了，任何思想都可以用理想的方式呈现给读者。目前的问题在于，如何将头脑中的思想套用到这个结构中。

金字塔原理之所以对你有帮助，是因为它有纵向和横向两条逻辑：

- 纵向的结构一定要提出"疑问-回答"式对话，让读者紧跟你的思路。
- 横向的思想一定要以演绎或归纳推理的形式回答问题。

当你想要拓展和陈述自己的观点时，这两个逻辑思考方向会让你的思维遵守一定的原则。了解了这一点，并且掌握了这些原则，你就能写出各种形式的文章。因此，本节练习意在帮助你学会引导纵向的"疑问-回答"式对话，并找出横向的逻辑关系。

金字塔结构提供给读者一系列纵向的"疑问－回答"式对话，横向的各组思想则用以下方式回答上一层次的问题：

- 演绎推理
- 归纳推理

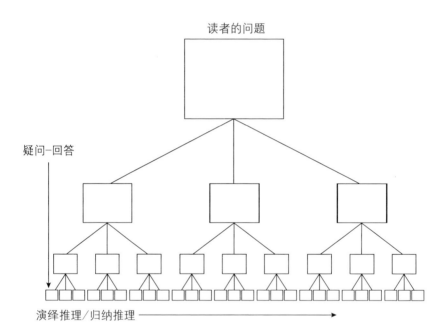

读者的问题

疑问－回答

演绎推理／归纳推理 →

在金字塔结构中，每个方框都代表一个思想。你提出的观点总会引发读者的疑问，因为你正想告诉他一件他不知道的事——也就是你的想法。

一旦了解了这一点，要确定如何构建你的思想就变得非常简单了。金字塔结构中任意一个层次上的观点都是在回答上一层次的观点在读者心中引起的疑问。如果你看了第 36 ~ 37 页练习 1C 中的 4 个例子，就会理解这个原则。

你会看到，前两个例子是回答"**如何**"的问题，第三个例子回答的是"**为什么**"，而经济增长率下降的例子是针对"**你如何知道**"这个问题。这 3 个问题是读者最常提出的。

在金字塔结构中，问题与答案的纵向结构非常重要。它能让你快速"看清"任何一篇文章中的抽象层次，让你暂时放下对写作风格的关注，直观地了解文章的精髓，也能让你轻松理清文章的逻辑关系。

下面是 6 则摘录练习，一旦找出答案，你便会发现了解这些观点的含义是多么容易。请把第 324 页"附录"中的论点标签剪下来，贴在方框里。

练习 2-1：太平洋的亚洲　　　　　　　　　　第 39 页

练习 2-2：量产公司　　　　　　　　　　　　第 40 页

练习 2-3：家庭体系　　　　　　　　　　　　第 42 页

练习 2-4：日渐增加的竞争　　　　　　　　　第 43 页

练习 2-5：革命　　　　　　　　　　　　　　第 45 页

练习 2-6：混沌的开始　　　　　　　　　　　第 47 页

解答在本书第 267 ~ 269 页。

人事系统

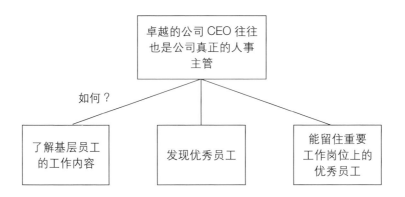

法国的真相

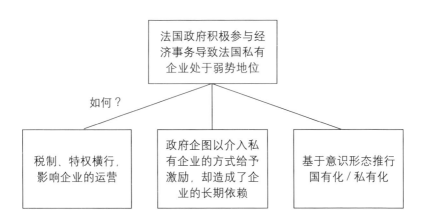

1860 年美国工程师的工作状态

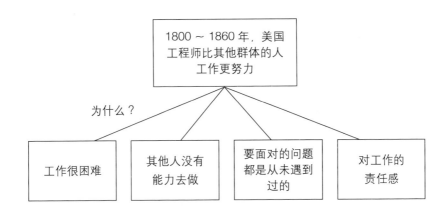

经济增长率的下降

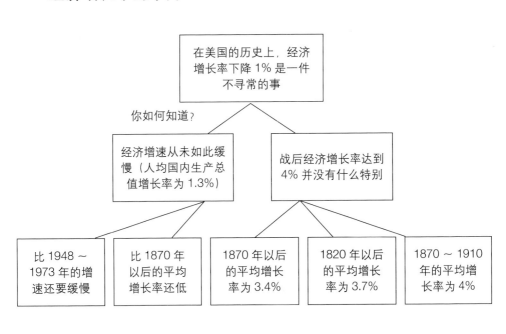

说明

　　这部分练习的目标是说明写作风格和结构之间的差异。你会发现，作者往往不会一开始就表明重点，有时会放在最后，有时会藏在中间，还有时会用暗示的方式让读者自行领会。而且作者经常不会明确地说出他支持的论点，你可能需要自行推导。通过以下的练习，你可以自己判断金字塔结构是如何影响文章架构的。

练习 2-1：

1. 剪下第 324 页"附录"中的论点标签，贴入恰当的方框中。
2. 勾选出由顶端方框中的论点引发的问题。

太平洋的亚洲

　　想要在印度经商的跨国企业，现在除了要制订各种项目计划外，还要创造有利于印度与全球经济整合的社会与政治环境。首先，企业应该与有竞争力的印度合伙人合作。其次，要更加注意和当地及省级官员建立良好的关系——不能单纯依靠中央政府的保证。再次，企业应该以光明正大且具有竞争力的方式参与公共建设。最后，企业可能需要赞助当地的健康和教育计划以获取民众支持。

【出处】

MIRA KAMDAR

One Last Great Market

World Business, Volume II, Number 1, 1996

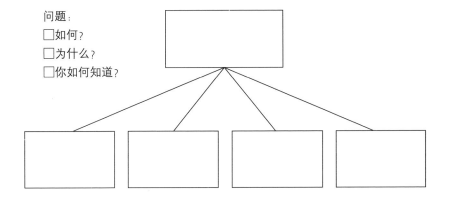

问题：
□如何？
□为什么？
□你如何知道？

练习 2-2：

1. 剪下第 324 页"附录"中的论点标签，贴入恰当的方框中。
2. 勾选出由顶端方框中的论点引发的问题。

量产公司

大批量生产必须由大型企业进行，而且正是这些大型企业引领了美国的成长。这些大型企业一般都有影响市场的能力，懂得运用规模经济，这也是提升美国成长力的基础。

大型企业还有其他贡献。一般规模庞大、经营较为稳定的量产企业都会积极投资昂贵的设备、研发新的科技。比如说，1880 ～ 1900 年，安德鲁·卡内基公司的投资额提高了 10 倍。还有柯达，早在 19 世纪 80 年代就开始投入研发。在第二次世界大战之后，规模庞大的私人公司，包括贝尔实验室、IBM 和西屋公司，也带来了许多重要的科学突破。

大型企业通常拥有庞大、稳定的工作团队。企业会为员工支付相对较高的薪资。当这些企业的工会获得大量利益之后，会影响全美国其他企业的薪资水平。研究显示，与小型企业相比，大企业一般会有比较好的员工福利。而且大型企业具有更强大的创新能力，会更积极地在创新方面进行投资。

【出处】

JEFFREY MADRICK

The End of Affluence: The Causes and Consequences of America Economy

Dilemma, Random House, 1995

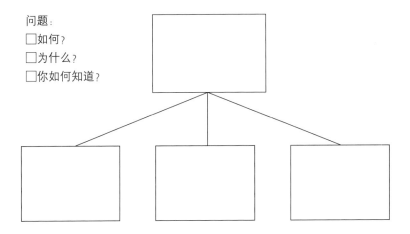

问题：
☐如何？
☐为什么？
☐你如何知道？

练习 2-3 ：

1. 剪下第 324 页"附录"中的论点标签，贴入恰当的方框中。

2. 勾选出由顶端方框中的论点引发的问题。

家庭体系

在一些亚洲国家，强大的家庭体系被视为对抗外在威胁与恶劣环境的基本防御机制。农民只相信自己的家人，因为家庭以外的人——各级官员和士绅——不见得多有善意，甚至会巧取豪夺。大部分农民家庭挣扎在温饱线上，很少有余力可以救助朋友或邻居。有了孩子之后，儿女就成了必要的帮手，同时还可以给父母养老送终。在这样艰难的情形下，自给自足的家庭就成了唯一能提供庇护与支持的地方。

【出处】

FRANCIS FUKUYAMA

Trust: The Social Virtues and the Creation of Prosperity

The Free Press, 1995

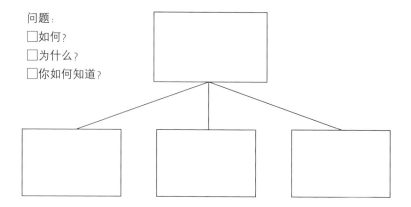

问题：
☐如何？
☐为什么？
☐你如何知道？

练习 2-4：

1. 剪下第 324 页"附录"中的论点标签，贴入恰当的方框中。

2. 勾选出由顶端方框中的论点引发的问题。

日渐增加的竞争

外国公司更具弹性的生产模式，以及分散在各地的市场等让竞争日趋激烈，使得美国的产业环境急剧变化。而美国人对这个现象的反应比欧洲还要保守，这不是没有理由的。

首先，美国拥有福特生产方式（Fordism），对于新的生产模式并不抱太多信心，一开始就不太重视、不愿意运用（也许大部分美国公司和我们一样），所以在投资新的生产模式上反应比较慢。美国公司更强调降低成本，以维持低廉的商品价格，而非投资新的生产模式。研究显示，即使美国公司买了新的计算机设备，通常也是用来提高产量、降低单位成本的，而不是像日本和欧洲公司那样，生产的产品数量越来越少，但更倾向于为顾客量身打造。

其次，美国企业注重获利，一旦回报率下降，就更不愿意在基本建设项目上投资了。相比之下，当利润和回报率下降时，日本和德国企业的投资意愿就要高于美国企业。

最后，美国的产能过剩问题比其他国家出现得早，有闲置产能的公司在投资上趋于保守也是可以理解的。

因此，美国会比其他国家更倾向于减少投资。即使在 1993 ～ 1994 年投资额增加，其幅度也不及 20 世纪五六十年代的水平，而现在也不确定会继续保持相对较高的资本投资。1994 年，美国的净投资额大约只占国民生产总值的 3%，而在 20 世纪五六十年代则占国民生产总值的 7% ～ 8%。

【出处】

JEFFREY MADRICK

The End of Affluence: The Causes and Consequences of America

Economy

Dilemma, Random House, 1995

问题:
☐如何?
☐为什么?
☐你如何知道?

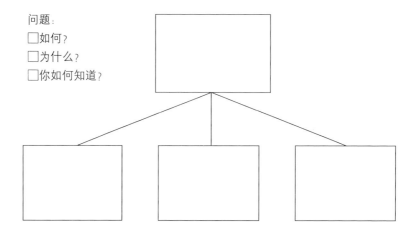

练习 2-5：

1. 剪下第 324 页"附录"中的论点标签，贴入恰当的方框中。

2. 勾选出由顶端方框中的论点引发的问题。

革命

　　早期那些提出混沌理论的人曾经很痛苦，因为他们不知道如何将自己的思想和研究结果公之于世。因为这一理论难以归于任何一门现有的学科。比如说，对物理学者而言太抽象，但对数学家而言实验性又太明显。对某些人来说，在宣传新观点的时候，遇到的困难有多大，遭到的质疑有多激烈，就说明这种新理论是多么具有革命性。肤浅的观点通常容易被接受，而一种需要人们重新架构世界观的新观点，却会引起敌意。

　　在乔治亚理工学院，有一位物理学者——约瑟夫·福特，他引用了托尔斯泰的一句话："我知道大部分人，包括那些面对最复杂的问题也能轻松解决的人，很少会接受最简单和最明白的真理，因为这些真理让他们不得不承认自己的错误，而这些错误正好是他们曾经很高兴地向其他人讲述的观点，他们曾经很得意地以此教导别人。"

【出处】

JAMES GLEICK

Chaos

Viking, 1987

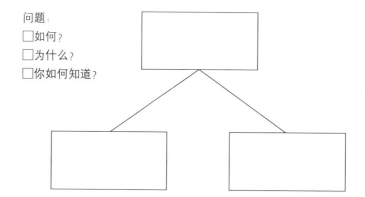

问题:
☐如何?
☐为什么?
☐你如何知道?

练习 2-6：

1. 剪下第 324 页"附录"中的论点标签，贴入恰当的方框中。
2. 勾选出由顶端方框中的论点引发的问题。

混沌的开始

夜晚，你不妨站在海滩上，看那月光映照在水面，你可以感觉到月亮在牵引着潮汐，或许你也会联想到，月亮的形成可能与地球上的大潮汐有关，它从地球上分离出去被抛到外层空间。如果月亮真的是这样形成的，可能就与我们所知道的海中盆地和大陆的形成有关。

地球的潮汐现象早在海洋出现之前就已经存在。那时，由于太阳的牵引，地球的整个表面满是流动的岩浆，之后，岩浆的运动逐渐减缓，终至冷却、凝固和结块。相信月亮曾是地球一部分的人认为，在地球形成的早期发生了一些事，让流动的岩浆获得了加速的动能，使其温度升高到令人难以想象的地步。

太阳的牵引力使地球产生了潮汐运动，地球的旋转作用与太阳的潮汐作用产生共振，为地球的自转增加了动能。于是，地球的自转速度不断加快，每一次潮汐运动都比前一次更强。

物理学者曾经计算过，经过 500 多年大规模稳定增强的潮汐运动之后，在面向太阳一侧的地球赤道，熔融物质会出现膨胀区，于是一次大浪把一团熔融物质甩到了星际空间中。这颗刚形成的卫星遵循物理定律，围绕着地球旋转。这就是月亮诞生的一个假说。

【出处】

RACHEL CARSON

The Sea

MacGibbon and Kee Ltd., 1968

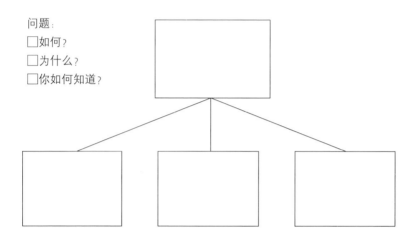

问题：
□如何？
□为什么？
□你如何知道？

练习 3

建立横向的关系
找出横向的逻辑

你在金字塔结构中提出一个观点后，它就会在读者心中引起疑问，你需要在下面的分析层级中回答这个疑问。回答时可以采用以下两种推理方式——演绎推理或归纳推理。这两种推理方式之间的差异会在后文介绍。

一旦确定了应该采用何种推理方式，就很少在运用时出现问题。因此，你需要学习如何区别归纳法与演绎法，以及了解相关的原则。《金字塔原理》第 2 章与第 5 章详细解释了二者的差异和原则。设计本节练习的目的是帮助你掌握辨别这两种推理形式的方法，了解它们可能产生的变化。

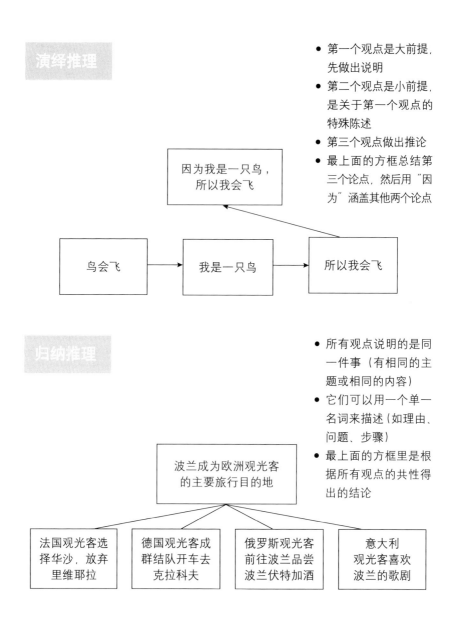

演绎推理

- 第一个观点是大前提，先做出说明
- 第二个观点是小前提，是关于第一个观点的特殊陈述
- 第三个观点做出推论
- 最上面的方框总结第三个论点，然后用"因为"涵盖其他两个论点

因为我是一只鸟，所以我会飞

鸟会飞 → 我是一只鸟 → 所以我会飞

归纳推理

- 所有观点说明的是同一件事（有相同的主题或相同的内容）
- 它们可以用一个单一名词来描述（如理由、问题、步骤）
- 最上面的方框里是根据所有观点的共性得出的结论

波兰成为欧洲观光客的主要旅行目的地

法国观光客选择华沙，放弃里维耶拉

德国观光客成群结队开车去克拉科夫

俄罗斯观光客前往波兰品尝波兰伏特加酒

意大利观光客喜欢波兰的歌剧

因此，最重要的原则是：

- 演绎推理：第二个观点是附属于第一个观点的特殊陈述
- 归纳推理：各个观点是独立的，但是具有共性

练习 3A

演绎推理

如你所见，演绎推理一般具有三段论的形式，即由一个大前提和一个小前提推导出一个结论。另外，演绎推理也可以从简单的三段论演变成连环式演绎推理。

就实际使用而言，演绎推理的过程不会超过四个步骤，或者不会超过两个由"因此"引出的结论。当然，你也可以将四个以上的推理步骤或两个以上的推导结论连接起来（法国哲学家一向如此），但是这样做将使这一组思想过于复杂，难以有效概括。

在你可以有效运用演绎推理理清思路之前，必须能够驾驭演绎推理及其变化。要做到这一点并不困难，只需多加练习。

下面是针对上述内容的练习，每个练习一开始会有一小段解说。解答在本书第 270 ~ 273 页。

演绎推理可能很简单……

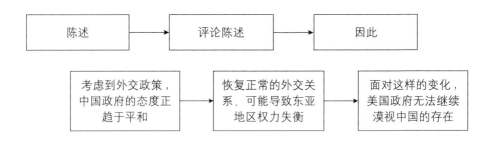

陈述	评论陈述	因此
考虑到外交政策，中国政府的态度正趋于平和	恢复正常的外交关系，可能导致东亚地区权力失衡	面对这样的变化，美国政府无法继续漠视中国的存在

也可能是连环式演绎推理……

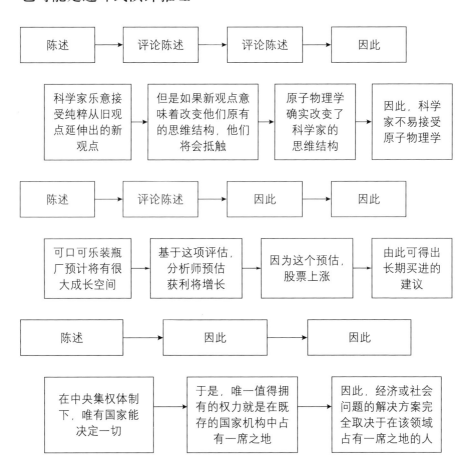

陈述	评论陈述	评论陈述	因此
科学家乐意接受纯粹从旧观点延伸出的新观点	但是如果新观点意味着改变他们原有的思维结构，他们将会抵触	原子物理学确实改变了科学家的思维结构	因此，科学家不易接受原子物理学

陈述	评论陈述	因此	因此
可口可乐装瓶厂预计将有很大成长空间	基于这项评估，分析师预估获利将增长	因为这个预估，股票上涨	由此可得出长期买进的建议

陈述	因此	因此
在中央集权体制下，唯有国家能决定一切	于是，唯一值得拥有的权力就是在既存的国家机构中占有一席之地	因此，经济或社会问题的解决方案完全取决于在该领域占有一席之地的人

分辨你是否真的在进行演绎推理

你可以通过检视第二个论点，分辨出自己是否真正在进行演绎推理。如果在一组论点中，第二个论点是对第一个论点的评论，按照本书对演绎推理的说明，你就是在进行演绎推理，而且你一定会得出"因此"的结论。

解答在本书第 270 页。

练习 3A-1：

第二个方框评论了第一个方框的主语或谓语，请写出具体是什么。

简单的三段式演绎推理

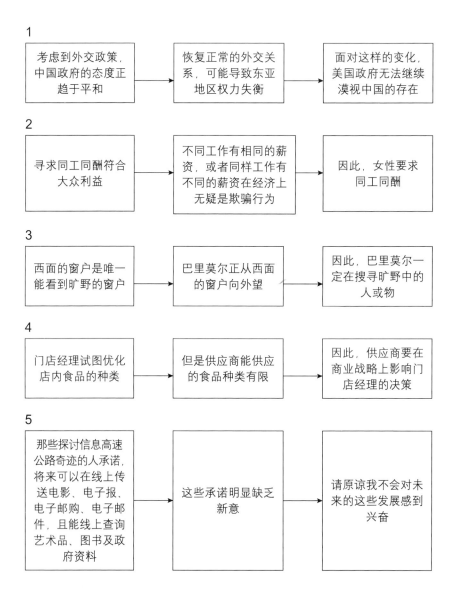

1

| 考虑到外交政策，中国政府的态度正趋于平和 | → | 恢复正常的外交关系，可能导致东亚地区权力失衡 | → | 面对这样的变化，美国政府无法继续漠视中国的存在 |

2

| 寻求同工同酬符合大众利益 | → | 不同工作有相同的薪资，或者同样工作有不同的薪资在经济上无疑是欺骗行为 | → | 因此，女性要求同工同酬 |

3

| 西面的窗户是唯一能看到旷野的窗户 | → | 巴里莫尔正从西面的窗户向外望 | → | 因此，巴里莫尔一定在搜寻旷野中的人或物 |

4

| 门店经理试图优化店内食品的种类 | → | 但是供应商能供应的食品种类有限 | → | 因此，供应商要在商业战略上影响门店经理的决策 |

5

| 那些探讨信息高速公路奇迹的人承诺，将来可以在线上传送电影、电子报、电子邮购、电子邮件，且能线上查询艺术品、图书及政府资料 | → | 这些承诺明显缺乏新意 | → | 请原谅我不会对未来的这些发展感到兴奋 |

练习 3A-2：

第二、三个方框分别评论了前一个方框的主语或谓语，请写出具体是什么。

连环式演绎推理

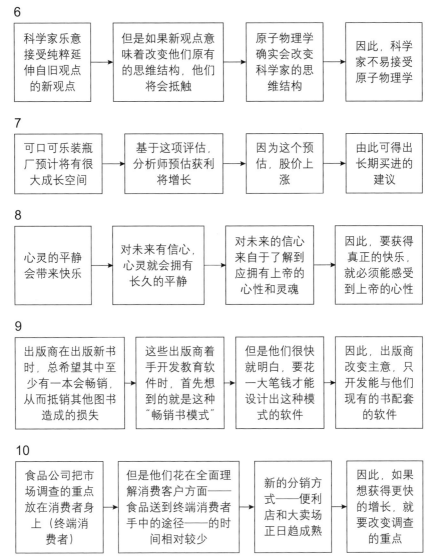

6

| 科学家乐意接受纯粹延伸自旧观点的新观点 | → | 但是如果新观点意味着改变他们原有的思维结构，他们将会抵触 | → | 原子物理学确实会改变科学家的思维结构 | → | 因此，科学家不易接受原子物理学 |

7

| 可口可乐装瓶厂预计将有很大成长空间 | → | 基于这项评估，分析师预估获利将增长 | → | 因为这个预估，股价上涨 | → | 由此可得出长期买进的建议 |

8

| 心灵的平静会带来快乐 | → | 对未来有信心，心灵就会拥有长久的平静 | → | 对未来的信心来自于了解到应拥有上帝的心性和灵魂 | → | 因此，要获得真正的快乐，就必须感受到上帝的心性 |

9

| 出版商在出版新书时，总希望其中至少有一本会畅销，从而抵销其他图书造成的损失 | → | 这些出版商着手开发教育软件时，首先想到的就是这种"畅销书模式" | → | 但是他们很快就明白，要花一大笔钱才能设计出这种模式的软件 | → | 因此，出版商改变主意，只开发能与他们现有的书配套的软件 |

10

| 食品公司把市场调查的重点放在消费者身上（终端消费者） | → | 但是他们花在全面理解消费客户方面——食品送到终端消费者手中的途径——的时间相对较少 | → | 新的分销方式——便利店和大卖场正日趋成熟 | → | 因此，如果想获得更快的增长，就要改变调查的重点 |

观察论点是如何结合在一起的

你现在已经熟悉基本的演绎推理模式了。然而，人们在阐述演绎推理的论点时，并非总是依循这种模式。作者时常运用这种推论的一部分，或是谈论一段趣闻，或是暗示某一个观点。有时作者也会颠倒各观点的顺序，将它们串起来，或是以不同的措辞重复这些论点。

当然，这些都是属于文章风格的问题。若想略过文章的风格，直抵论述核心，可以通过以下练习来实现。

1. 下面有 4 篇文章，其中包含演绎推理的论点：

2. 在第 325 ～ 326 页的"附录"中，你会找到每一个论点的标签。
3. 请读完每篇文章后，把论点标签剪下，贴在恰当的方框内。

练习完之后，你就会进一步了解演绎推理的不同表现方式。
解答在本书第 271 ～ 273 页。

练习 3A-3：

请剪下第 325 页"附录"中的论点标签，贴入恰当的方框中。

新的领域

我又一次深刻地感受到，要一个人放弃他科学研究的理论基础是多么困难。为了探索客观物理世界在时空中运行的法则，爱因斯坦奉献了毕生的精力。理论物理学中的数学符号也是这个客观物理世界的表征，借助这符号，杰出的物理学者得以描绘客观世界未来的走向。现在已经可以确定，时空中的客观世界并不存在，而理论物理学中的数学符号所表述的可能性反而较为真实。

爱因斯坦不会让人们破坏他的研究基础。当量子力学变成现代物理学不可缺少的部分时，爱因斯坦也没有改变态度——他只能将量子力学作为一个假说勉强接受。"上帝不会掷骰子。"这是他坚持的原则，他不会让任何人挑战这一点，所以波尔只能说："指导上帝如何掌管世界不是我们的责任。"

【出处】

WERNER HEISENBERG

Physics and Beyond

Harper & Row Inc., 1971

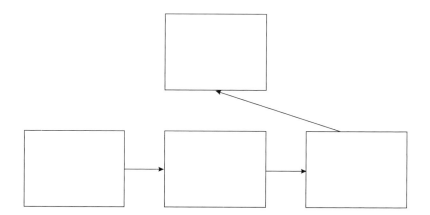

练习 3A-4：

请剪下第 325 页 "附录" 中的论点标签，贴入恰当的方框中。

无摩擦经济

美国人因为五角大楼为铁锤支付 300 美元、为一套马桶花费 800 美元要求启动调查，这要追溯到 20 世纪 80 年代对国防合约体系的不信任。国防合约是一项特殊的经济活动，因为许多武器都是独一无二的商品。它们很少有商业上的竞争品，因此它们的价格必须经谈判确定，以成本加成为基础，而非市场行情。在这个体系之下，在签订合约时，无论是承包商还是政府官员，都有可操作的空间，而且经常有舞弊现象发生。

处理这个问题的方法之一是简化手续，在五角大楼内选择可以信赖的主要官员，运用他们的判断力来签订合理的采购合约。这样做可能需要忍受官员们偶然会出现的判断失误和丑闻，这就像经营企业付出的成本一样。事实上，对于特别重要的武器，已经成功建立了这样的采购模式。但是在一般的例行采购中，仍存在双方对彼此的不信任——承包商会想尽办法欺骗纳税人，而那些尽可能谨慎地与承包商往来的政府官员也有可能滥用职权。因此，采购费用必须经过多级文件申请，以获得审批。如此一来，承包商和政府官员便要层层雇用审计人员进行追踪与记录。所有这些都给政府采购带来了庞大的额外交易成本，这就是军事采购价格如此高昂的最主要的原因。

【出処】

FRANCIS FUKUYAMA

Trust: The Social Virtues and the Creation of Prosperity

The Free Press, 1995

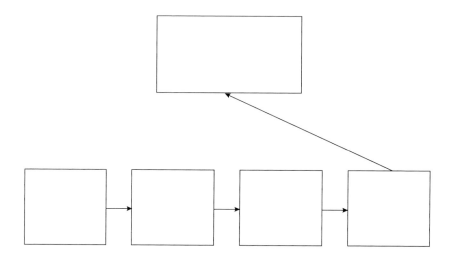

练习 3A-5：

请剪下第 325 页"附录"中的论点标签，贴入恰当的方框中。

知识的矛盾性

知识已经变成一种新的财产形式，获得专业知识以及运用这些知识和技术的能力是新的财富来源。

新加坡人称自己的国家为知识岛，他们发现，传统的财富来源和相对优势（土地、原料、金钱和科技）在具备了知识和技术的情况下，全都可以买到。新加坡和中国香港都已经将所有的制造活动转移到苏门答腊、菲律宾和中国广东省等人工成本低廉的地区，但管理总部、设计和营销部门（也就是知识密集型的部门）仍保留在公司总部所在地。

对新加坡有效的发展经验对其他各国也应有效。因为新的社会财富来源是知识，知识是新的财产形式。然而，知识与其他形式的财产不同，其中存在一些矛盾的现象。举例来说，以法律裁决的形式给予人们知识或是重新分配知识是不可能的；当一个人离开人世的时候，要将他的知识留给孩子也是不可能的。另外，接受教育是一个人将来是否富有的关键，然而这需要花费很长时间。知识很神奇，即使我与你分享知识或专业技能，我也仍然能完整地拥有它。要从任何人身上取走这种新形式的财产都是不可能的。

知识具有不易脱离的特性，拥有别人的知识也是不可能的。管理学大师彼得·德鲁克（Peter Drucker）说得对——生产工具实际上已经不再为那些企业家所专有。拥有知识的人若想离开，要阻止他们是很困难的。购买微软这类公司的股票是一种赌博，因为其前提是员工所拥有的知识会继续留在公司，而且这些知识永不会消失。就股票市场而言，知识是一种不安全因素，是一种有漏洞的资产。

更复杂的是，知识难以衡量，这就是知识产权很少在资产负债表上出现的原因。而且它也让征税变得更加困难，它不像任何其他形式的财产那样方便纳税。

幸运的是，虽然无法用行政命令重新分配知识，但也无法阻止人们获取知识。理论上，任何人都有可能以某种形式拥有知识，并且因此得到权力与财富。如果不是因为知识，我们很难想象小公司怎样与微软这样的大公司角力，就如同当初的微软之于 IBM。然而，当公司的主要财产是知识时，这种角力便成了可能。由知识决定的市场是一个门槛相对较低的市场，因此会让社会更加开放。

知识会向知识集中的地方流动。接受过良好教育的人会给他们的孩子提供良好的教育，让他们获得权力与财富。因此，这种新形式的财产还有可能使社会逐渐分裂，除非我们把整个社会转变成一个永久学习型社会。在其中，每个人都能热切追寻更多的知识，就像他们现在追寻属于自己的家一样。

【出処】

CHARLES HANDY

The Age of Paradox

Harvard Business School Press, 1994

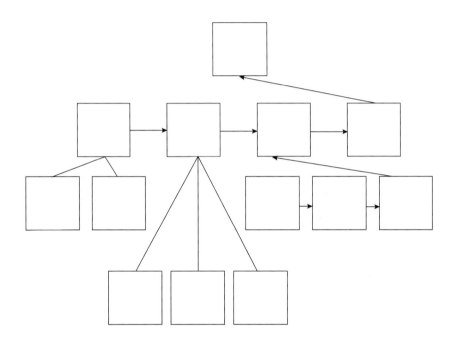

连环式与暗示的观点
重复与颠倒的观点
无法令人信服的观点

练习 3A-6：

请剪下第 326 页"附录"中的论点标签，贴入恰当的方框中。

功能性的下层社会

下层社会的存在是被普遍接受的事实，但令人无法接受且很少被人提及的是，下层社会其实是社会经济活动中的一环，更重要的是，它是确保优势群体生活水平和舒适度的基础。下层社会的生活主要是功能性的，所有工业国家都有一定比例的、以各种形式存在的下层社会。一些下层社会的人试图摆脱被剥削和被压迫的处境，这时市场供需的改变便成了必要的手段。

要了解这一现实，可以从大众对工作的定义开始。传统看法认为，工作是愉快且有回报的，不同的职业可以获得不同程度的快乐，一个正常的人会以他的工作为荣。

但实际上，很多工作是重复性的，很沉闷，让人感到痛苦和疲劳，在心理上感觉无聊或是社会地位低下。比如，各种消费服务者与家庭劳务服务者，还包括农民、工业生产流水线上的工人，在这些工作中，人工工资成了影响成本的主要因素，因而直接决定商品价格的变化。只有人工成本和价格之间的联系被打破，或是部分脱钩（这当然是较高社会阶层才会有的现象），工作才会变成让人愉快的事，人们才能享受工作的乐趣。在现代经济制度中，很少有人提出一个基本但又很重要的现象：最高的薪酬往往对应那些最有名望、令人愉快的工作。相反，那些令人不快的工作，让人直接接受另外一个人的命令的工作，比如门房、保姆，还有清洁工、垃圾回收工、警卫、电梯小姐等，这些工作都有一个共同点——社会地位低下。

"工作"一词，对某些人而言意味着沉闷、痛苦或是身份低微，对另一些人而言却是愉快、有名望以及丰厚的经济回报。在现代社会的种种假象（甚至是欺诈）中，没有比这更夸张的了。那些工作愉悦、报酬高的人强调，他们确实很努力，希望借此掩饰他们获得利益的事实。他们当然可以说自己很享受工作，并由此认定所有好工人也跟自己一样。然而想想看，当宣判犯人的刑期时，常常会同时让犯人做几年的"苦工"，所以这类工作本质上是种惩罚。我们多多少少都在掩盖愉快的工作和需要人忍耐或感到痛苦的工作之间的差异。

由上述内容可以得到一个事实：在现代经济社会中，贫穷的人必须去做那些比较幸运的人不愿做的工作，而且这些工作明显让人生厌，甚至是痛苦。然而，社会总是需要这些为生活提供最基础保障的工作者。

【出处】

JOHN KENNETH GALBRAITH

The Culture of Contentment

Houghton Mifflin Company, 1992

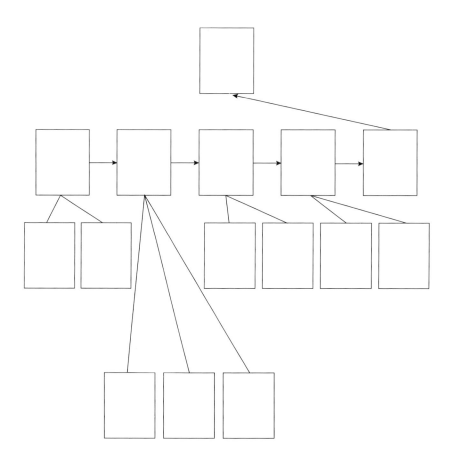

演绎推理摘要

演绎推理摘要应该包含其中的所有论点，而不要单单重复"因此"这一个观点。摘要能为文章提供坚实的基础,让后续的思想（无论是以归纳还是演绎的方式）能进一步发展:

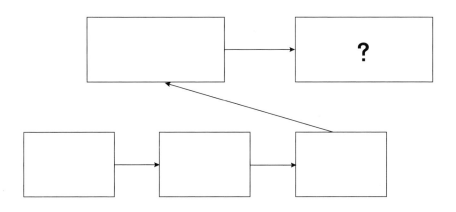

概述演绎论点的方法是:

- 把最后得出的观点放在最上层。

- 加上一个"因此"，涵盖其他两个论点。

- 重新改写，使陈述流畅优美。

例如：

简化

大纲式摘要

基本论点

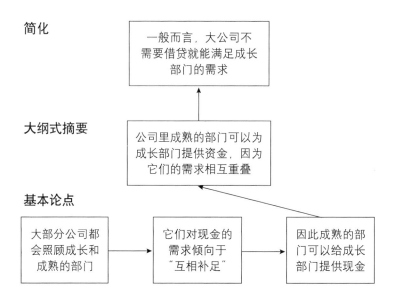

后文是一些练习，你可以试着概述其中的论点。

练习 3A-7：

1. 把最后得出的观点放在最上层。

2. 加上一个"因此"，涵盖其他两个论点。

3. 重新改写，使陈述流畅优美。

西窗

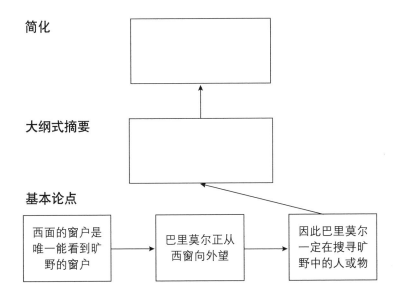

简化

大纲式摘要

基本论点

西面的窗户是唯一能看到旷野的窗户 → 巴里莫尔正从西窗向外望 → 因此巴里莫尔一定在搜寻旷野中的人或物

解答在本书第 272 页。

练习 3A-8：

1. 把最后得出的观点放在最上层。

2. 加上一个"因此"，涵盖其他两个论点。

3. 重新改写，使陈述流畅优美。

垄断法

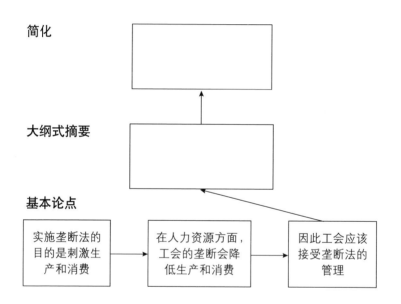

解答在本书第 273 页。

练习 3B

归纳推理

归纳推理一般会列出 3 ～ 4 个（通常不会超过 5 个）相近的观点，用以支持既有的想法或协助你推导出新的观点，其金字塔结构如下图所示：

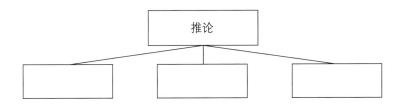

各组观点可以用一个单一名词来描述，这个名词能够概括该组所有思想，如"问题""改变"或"结论"。一般来说，单一名词可分成 3 类，即理由、步骤及证明，通常会回答下面 3 个标准问题：

问题	单一名词
□为什么　□如何　□你如何知道	□理由　□步骤　□证明

找出思想组中的单一名词，可以帮助你列出要放在金字塔结构中的论点。如果你知道自己想要说明的观点，它就会带领你寻找恰当的论据。下面的练习可以帮你找出单一名词。请找出由主要论点引发的问题，以及这一问题的答案所使用的共同的单一名词。（练习 3B 是范例，其余例子请自行练习。解答在本书第 274 ～ 275 页。）

练习 3B：

找出其中提到的问题及共同的单一名词。

削减运营成本

问题

☐ 为什么可以这样?

☑ 如何做到?

☐ 你如何知道能做到?

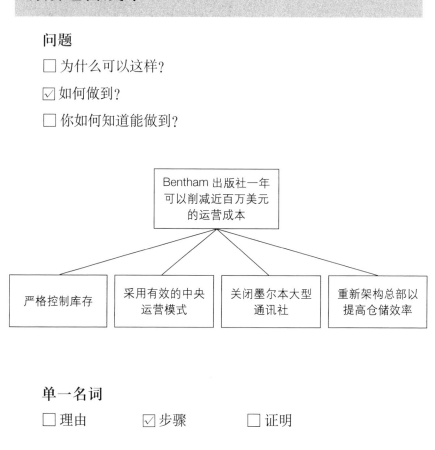

单一名词

☐ 理由 ☑ 步骤 ☐ 证明

练习 3B-1：

找出其中提到的问题及共同的单一名词。

信息系统的应用

问题

☐ 他们为什么要这样做？

☐ 他们是如何做的？

☐ 你如何知道他们是这样做的？

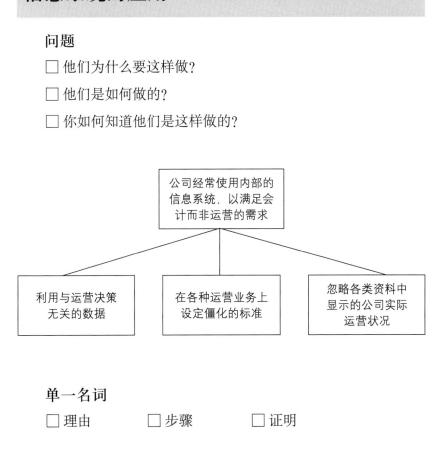

单一名词

☐ 理由   ☐ 步骤   ☐ 证明

练习 3B-2 :

找出其中提到的问题及共同的单一名词。

Prestel 咨询系统

问题

☐ 它为什么很容易运用?

☐ 它如何运作?

☐ 你如何知道它很容易运用?

单一名词

☐ 理由　　　　☐ 步骤　　　　☐ 证明

练习 3B-3 :

找出其中提到的问题及共同的单一名词。

试行计划

问题

☐ 为什么它可以做到?

☐ 如何做到的?

☐ 你如何知道它可以做到?

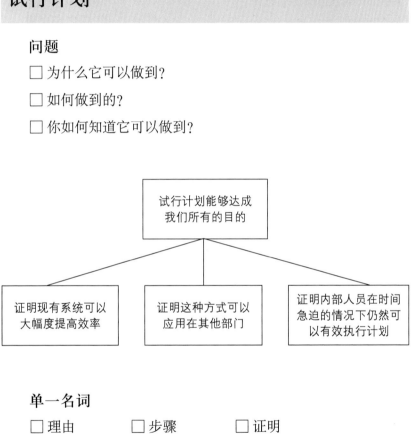

单一名词

☐ 理由　　　☐ 步骤　　　☐ 证明

找出其中提到的问题及共同的单一名词。

内部业务合法化

问题

☐ 为什么它可以做到？

☐ 它如何做到的？

☐ 你如何知道它可以做到？

```
          ┌──────────────────────┐
          │ JDC＆R 通过拓展与强     │
          │ 化内部合法活动，至少    │
          │ 可以节省 50 万美元      │
          └──────────────────────┘
```

将公司内部活动简单化、合法化	在弗吉尼亚州的里士满设立总部，由业务部规划	积极经营外部的咨询工作	开始协商降低各项费用

单一名词

☐ 理由 ☐ 步骤 ☐ 证明

练习 3B-5：

找出其中提到的问题及共同的单一名词。

削减固定成本

问题

☐ 它为什么是实际可行的?

☐ 他们如何进行?

☐ 你如何知道他们做得到?

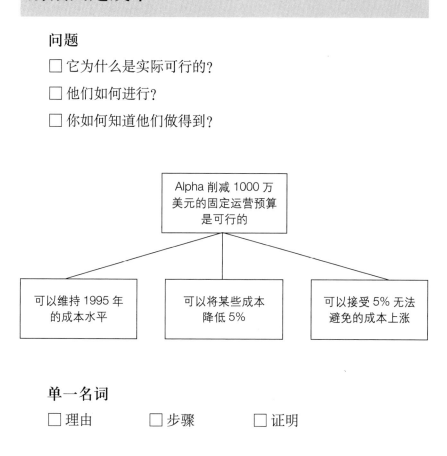

单一名词

☐ 理由   ☐ 步骤   ☐ 证明

練習 3B-6：

找出其中提到的问题及共同的单一名词。

基金投资提案

问题

☐ 为什么我们应该这样做?

☐ 我们应该如何做?

☐ 你如何知道我们应该这么做?

我建议对这份提案中的基金投资 300 万～ 500 万美元

这是一份架构完整的提案

基金破产的风险比较低

有其他投资人的声誉做保证

潜在的良好的公关能力

单一名词

☐ 理由　　　☐ 步骤　　　☐ 证明

练习 3B-7：

找出其中提到的问题及共同的单一名词。

合格供货商

问题

☐ 为什么我们要这样做?

☐ 我们可以如何做?

☐ 你如何知道我们必须这样做?

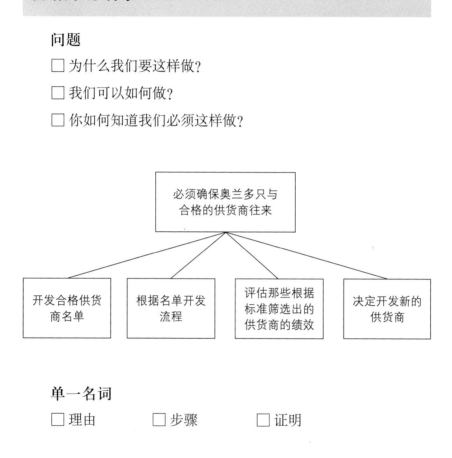

单一名词

☐ 理由　　　☐ 步骤　　　☐ 证明

归纳推理摘要

做归纳推理摘要，难度要高于演绎推理，因为做摘要的过程就是完成推论的过程。这一步骤的精髓在于找出思想之间的相似点。

把所有的想法都写成有主语和谓语的句子。在归纳推理中，如果出现下列情形，则一组思想存在相似点：

- 主语相同，且谓语属于同一范畴。
- 谓语相同，且主语属于同一范畴。
- 主语与谓语都不相同，但是其中隐含的意思属于同一范畴。

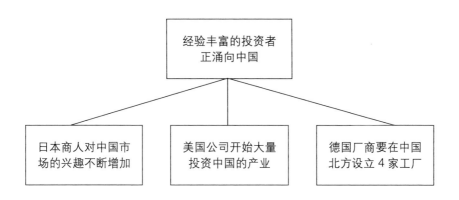

主语	谓语
日本商人	目标瞄准中国
美国公司	投资中国
德国厂商	在中国设厂

这里的 3 个谓语实质上是一样的，即投资中国，所以你要在主语中找出相似点。你可以思索一下，这 3 个国家的商人除了计划在中国投资之外，还有哪些相似点。可能你会发现，这 3 个国家都是当今世界上的经济强国。因此可以推论，经验丰富的投资者正涌向中国。

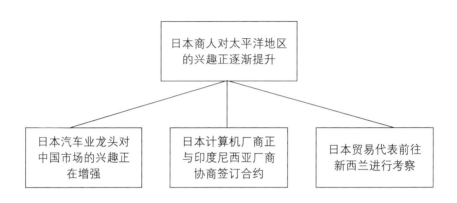

主语	谓语
日本汽车业龙头	目标瞄准中国市场
日本计算机厂商	目标瞄准印度尼西亚市场
日本贸易代表	目标瞄准新西兰市场

　　这里的 3 个主语本质上是一样的，即都是日本商人，所以你只能在谓语中寻找相似点。中国、印度尼西亚和新西兰这 3 个国家除了都让日本商人产生明显的兴趣之外，还有哪些相似点？它们都位于太平洋地区，所以可以推论"日本商人对太平洋地区的兴趣正逐渐提升"。

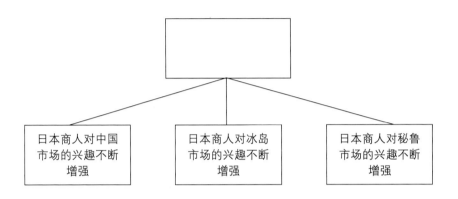

主语	谓语
日本商人	目标瞄准中国市场
日本商人	目标瞄准冰岛市场
日本商人	目标瞄准秘鲁市场

在这里，主语是一样的，谓语不同。但是中国、冰岛和秘鲁三国之间找不出相似点。"日本商人正在拓展全球市场"的范围又过大，可能指世界上任何一个国家。所以这里只是在表述一些信息，没有提出任何结论。

隐含结论中的相似处

有时候，一组思想无论是主语还是谓语都毫无相似点，然而其中的论点又是相关的。要确定是否真的如此，你需要在陈述所隐含的结论中找寻相似点。

我们一开始曾提到一个例子，即公司档案管理：

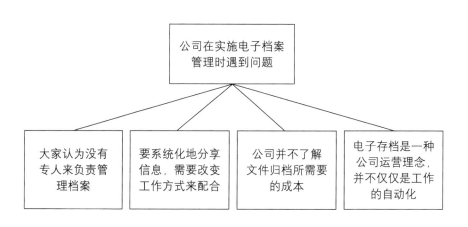

在这里，主语和谓语并没有相似点。

主语	谓语
没有专人	负责管理档案
分享信息	需要改变
公司	不了解文件归档所需成本
电子存档	公司需要改变运营理念

所以，我们需要在这些陈述所隐含的结论中找出相似点：

- 如果任何公司都没有专人负责管理档案，这暗示了什么？

  公司并不看重电子存档这件事。

- 如果员工想要分享档案怎么办？以及他们会想要分享吗？

  可能不会。

- 公司为何不了解存档所需成本？

  可能是因为他们认为了解这些成本并不重要。

- 采用电子存档的公司需要做出怎样的改变？公司愿意吗？

  可能不愿意。

现在，让我们来看看新的分析。

主语	谓语	隐含的部分
没有专人	负责存档	不重要
分享信息	需要改变	很难执行
公司	不了解存档成本	不重要
电子存档	需要公司观念的改变	很难执行

所以，作者似乎要说的是：

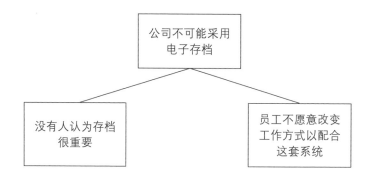

练习 3C

爱是一种错误

如果你的目标是借写作传达自己的思想，那么金字塔原理是可行的。到现在为止，我们已经看过非文学类文章的撰写架构。至于文学类文章，当然也有相应的架构，但是属于故事，应该包括以下情节：

- 出现一个事件；
- 产生冲突；
- 找到解决的方法。

下面是一个有着清楚架构的故事，写作风格也很好，希望你会喜欢。

我是一个很酷又不失理智的人，敏锐，精打细算，有头脑，精明，机警。我的大脑像发电机一样有力，像化学仪器一样精准，像手术刀一样锐利。而且，我才十八岁。

这么年轻就有这样的智识是挺少见的。就拿我在明尼苏达大学的室友珀泰·伯奇来说，我们同样年纪，具有相同的背景，但是他却笨得跟头牛似的。你知道，他除了长得漂亮外，脑袋里空空如也。他很情绪化，脾气阴晴不定，最糟糕的是爱追求时髦。而赶时髦，我不得不说，是最欠缺理智的表现。他会被任何新的潮流征服，像白痴一样，见到新东西就跟着学，只因为别人也这样做。对我而言，这就是彻底的白痴。但是珀泰却不以为然。

有一天下午，我发现珀泰躺在床上，脸上一副痛苦不堪的表情，我当下判定他得了阑尾炎。我说："别动，不要吃泻药，我去找医生。"

"浣熊！"他低吼道。

"浣熊？"正要出去的我停了下来。

"我要一件浣熊皮大衣。"他哀号着。

我发现他的问题不在身体上，而是心理上。"你为什么想要一件浣熊皮大衣？"

"我早就应该知道的。"他哭叫着，一面用拳头捶打太阳穴。"我早该知道当查尔斯登舞再度流行时，浣熊皮大衣也会时兴起来。我笨死了，把所有的钱都花在课本上，现在可好了，买不起浣熊皮大衣了。"

"你的意思是，"我不解地问："浣熊皮大衣又开始流行了？"

"所有的校园名流都会穿。你刚才去哪啦？"

"图书馆。"我说了一个校园名流不太露脸的地方。

他从床上跳了起来，在房里踱来踱去。"我一定要弄到一件浣熊皮大衣。"他坚定地说："非弄到不可！"

"珀泰，为什么？头脑清醒一点。浣熊皮大衣不干净，会掉毛，气味难闻，又重，而且很难看……"

"你不了解，"他不耐烦地打断我的话："这是该做的事，你不想搭上这股潮流吗？"

"不想。"我老实说。

"哦，可我愿意，"他说，"我愿意拿一切来换一件浣熊皮大衣，什么都行。"

我那像精密仪器的头脑立刻提升到最高转速。"什么都行？"我问道，一面仔细打量着他。

"什么都行！"他斩钉截铁地说。

我若有所思地抚着下巴。好极了，我知道上哪能弄到浣熊皮大衣。我爸爸在大学的时候曾有一件，现在它躺在老家阁楼上的箱子里。我想到珀泰恰好有一样我梦寐以求的东西。其实他还不算真正拥有，但是最起码他有优先权。我指的是他的女朋友波莉·埃斯皮。

我钟情于她已经很久了。我要强调一点，我对这个女孩的爱慕并不是一时兴起。当然，她是一个让人心动的女孩，但是我不打算让我的心主宰我的思想。我想要得到波莉是经过精心计算的，完全是出自理智的决定。

我是法学院一年级的学生，再过几年就要进入社会工作。我非常清楚娶到合适的妻子对未来的事业会有多大帮助。我观察过许多成功的律师，他们无一例外地都娶了美丽、优雅、有智慧的女人。波莉几乎完全符合条件，只有一件事除外。

她很美丽，虽然没有完美的身材比例，但是我相信时间会补足她的缺点。她已经大致不错了。

至于她的优雅，我的意思是她浑身上下都很优雅。挺拔的身躯、举止得体，看得出来很有教养。她进餐时也很讲究礼仪。我曾经看过她在学校吃当天的特餐（一种三明治，里面有几片烤肉，充满肉汁，还有一些切碎的坚果和泡菜），她的手几乎没有沾到酱汁。

然而她并不聪明，事实上可以说与聪明正好相反。但是我相信，在我的调教之下，她会变聪明。无论如何，值得一试。毕竟，要把一个美丽的笨女孩变聪明，比把一个聪明的丑女孩变美丽要容易得多。

"珀泰，"我问："你爱上波莉了吗？"

"我认为她是一个聪明的女孩，"他回答："但是我不知道你是否会称这种感觉为爱。你为什么这样问？"

"你是否，"我问："和她有过任何正式的约定？我的意思是指，你们现在很稳定了吗？"

"并没有。我们会见见面，但是彼此都还会跟别人约会。怎么了？"

"她有，"我问："其他喜欢的男生吗？"

"我不知道，为什么这么问？"

我很满意地点点头说："换句话说，如果你退出了，别人就有机会了，对吗？"

"我想是吧，你是什么意思？"

"没事，没事。"我若无其事地说，一面从我的衣柜中拿出箱子。

"你要去哪？"珀泰问。

"回家过周末。"我拿了几件衣服丢进箱子里。

"听着，"他紧紧地抓住我的手臂说："你回去的时候，能不能从你老爸那里拿一些钱借给我？我想买浣熊皮大衣。"

"我可以做得更好。"我对他神秘地眨了眨眼，然后盖上箱子走了出去。

星期一早上回来的时候，我对珀泰说："你看！"。我猛地打开箱子，一件肥大、毛茸茸、散发着怪味的东西露了出来，这是我父亲在1925年穿过的一件浣熊皮大衣。

"感谢上帝！"珀泰很虔诚地说。他用手抚摸大衣，然后把头也埋了进去。"感谢上帝！"他至少呼喊了 15 ～ 20 次。

"你喜欢吗？"我问他。

"喔，当然。"他高声叫着，把油腻的大衣紧紧搂在怀里。这时他的脸上出现了一道狐疑的表情："你想跟我换什么？"

"你的女朋友。"我不多说废话。

"波莉？"他震惊地说："你要波莉？"

"没错。"

他把大衣丢到一边，坚定地说："不可能。"

我耸耸肩说："好吧，如果你不想赶时髦，那是你的事。"

我坐下来，假装读着一本书，但是用余光观察珀泰的反应。他是一个意志不坚定的人。一开始他看着大衣，露出像流浪汉望着面包店橱窗的神情，然后他转身坚定地咬着牙，接着又看了看大衣，带着更渴望的表情。之后他又转身，这回，他脸上坚毅的神情似乎松懈了些。他的头来回转动，欲望增强，意志减弱。最后他只盯着大衣看，脸上写满了渴望。

"我和波莉算不上相爱，"他含含糊糊地说："我们之间也没有定下来，或是有任何类似的承诺。"

"这就对了！"我低声说。

"无论波莉对我，或是我对波莉而言……"他说。

"都毫无瓜葛。"我说。

"只是一般的往来，大家说说笑笑罢了。"

"试穿看看。"我说。

他照办了。大衣的领子高及他的耳朵，下摆则垂到鞋面。他看起来活像一堆死掉的浣熊。"挺合身的。"他很高兴地说。

我站起身问他："就这么说定了？"同时伸出我的手。

他吞了吞口水："说定了。"他回握我的手。

第二天晚上，我就和波莉开始第一次约会。这次约会带有些许调查的意味。我想要知道，要把她的心智提升到我希望的水平，究竟得费多少工夫。首先，我带她去吃晚餐。"天哪，真好吃！"我们离开餐厅时她这么说。然后，我带她去看电影。"天哪，电影真棒！"我们离开电影院时她这么说。最后，我送她回家。"天哪，今天晚上真愉快！"她向我道晚安的时候这样说。

我心情沉重地走回房间，显然我严重低估了我的工作量。这个女孩知识匮乏的程度超出了我的预期。若只是增加她的知识量恐怕还不够，她必须先学习如何思考。而这一点似乎也不简单。我还真想将她还给珀泰，但是想到她身体的诱惑力，以及她走进餐厅时的风采，还有她拿刀叉的姿势，我决定试一试。

就像处理其他事情一样，我会预先规划好。我打算给她上逻辑课。我正好在上这门课，对要教的内容很熟悉。"波莉，"当我接她进行第二次约会时跟她说："今天晚上我们去小山那边，然后聊一聊。"

"太棒了。"她回答我。我真想跟她说："再找一个像你这么好商量的人可难了。"

我们来到小山，这是学校的约会胜地。我们坐在一棵老橡树下，她热切地看着我问道："我们要谈什么？"

"逻辑学。"

她想了一会儿，决定喜欢这个题目。"好极了。"她说。

"逻辑学，"我清了清喉咙说："是思考的科学。在我们进行正确思考之前，必须学习辨认一般逻辑上的谬误。这是我们今天晚上要谈的主题。"

"哇呜！"她高声欢呼，一面高兴地拍着手。

我打了个寒噤，接着又勇敢地继续说："首先，让我们看看第一种谬误：**草率前提**（Dicto Simpliciter）。"

"快开始吧。"她眨着眼睛期待着。

"草率前提的意思是，论述是由不恰当的归纳产生的。比如说，运动是件好事，因此每一个人都应该运动。"

"我同意，"波莉很急地接着说："我的意思是，运动很棒呀，它可以让身体更健康什么的。"

"波莉，"我温和地说："这样的推论是错的。'运动是件好事'是错误的归纳。比如说，如果你有心脏病，运动就不是件好事。有许多病人因此被医生嘱咐不能运动。你的归纳必须得当。你可以说，运动一般而言对人体是有益的，或是运动对大多数人是好的，不然你就犯了草率前提的谬误。了解了吗？"

"不了解，"她很坦白地承认："但是这很有意思，请再仔细说说。"

"假如你不再拉扯我的袖子就好了。"我告诉她。当她停止这个动作之后，我才又继续往下说。"接下来我们要谈的是**过度概化**（Hasty Generalization）。听清楚，你不会说法文，我也不会说法文，珀泰也不会说法文。所以结论是，明尼苏达大学没有人会说法文。"

"真的吗？"波莉很惊讶地说："完全没有人会？"

我尽力压抑怒气："波莉，这样的推论是错的。这个结论下得太快了，因为举证的例子不足以支持这样的结论。"

"你还知道更多的谬误吗？"她急切地问："这比跳舞还有意思。"

我努力不让自己绝望，我拿这个女孩子没办法，完全没办法。但是如果我不继续努力，就要交白卷了。所以我继续说道："另外还有**误用因果**（Post Hoc）。听听这个例子，我们不要找比尔去野餐，每次带他去都会下雨。"

"我知道有人就是这样，"她大声说："我们家乡有一个女孩——尤拉·贝克尔就是这样。毫无例外，每一次我们带她去野餐……"

"波莉！"我打断了她。"这样说是错的。尤拉·贝克尔并不会带来雨，下雨跟她无关。如果你怪她，你就犯了误用因果的谬误。"

"我不会这样做了，"她带着悔意说："你生我的气吗？"

我深深叹口气："没有，波莉，我没有生你的气。"

"那么就再多告诉我一些谬误。"

"好吧，还有一个是**矛盾前提**（Contradictory Premises）。"

"好，让我们继续下去。"她雀跃地说道，然后快乐地眨着眼睛。

我皱了下眉，继续说："有一个很著名的关于矛盾前提的例子——如果上帝无所不能，他能创造出他搬不动的石头吗？"

"当然可以。"她立刻回答。

"但如果他无所不能，他应该就能搬得动石头。"我提醒她。

"对呀，"她若有所思地说："哦，那么我想他应该不能创造出这样的石头。"

"但是他是无所不能的。"我再次提醒她。

她抓了抓美丽而空洞的脑袋。"我都糊涂了。"她如此承认。

"你当然会糊涂，因为假如假设互相矛盾，这样的推论就不应该存在。如果有无所不能的上帝，就不会有无法搬动的石头。如果有搬不动的石头，就不会有全能的上帝。了解了吗？"

"再多告诉我一些这样酷的想法吧。"她急切地说。

我看了看表，说："我想我们已经说了一整个晚上，现在我先送你回去，你可以再想想刚才听到的内容，明天晚上我们再谈。"

我送她到女生宿舍的门前。她恳切地告诉我，她过了一个很棒的夜晚，而我却闷闷不乐地回到我的房间。珀泰早已倒在床上鼾声大作，浣熊皮大衣像一头毛茸茸的野兽蜷伏在他的脚边。我一度很想把他摇醒，告诉他我想把他的女友还给他。情形再清楚不过，我的计划注定会失败。这个女孩完全没有逻辑概念。

但是我又想，我已经浪费了一个晚上，我很可能会再浪费另一个晚上。但谁知道呢？也许在她心智沉寂的火山口，仍然有一些余火存在，说不定我能煽风点火一番。必须承认的是，即便前景有些黯淡，我还是决定再试一次。

第二天晚上我们又坐在橡树下。我说："我们今天要说的第一个谬误是**渗加同情**（Ad Misericordiam）。"

她兴奋得有些颤抖。

"仔细听好，"我说："有一个人应征工作，面试官问他的资格背景。他回答说他有一个老婆、六个孩子。老婆是跛子，孩子没有东西可吃、没有衣服鞋子可穿，家里没有床铺，壁炉里没有柴烧，而冬季就快来了。"

波莉的脸上流下泪来。"喔，真糟糕。"她不禁啜泣起来。

"是啊，真糟糕。"我也同意。"但是这整段回答中毫无论点可言，因为他完全没有回答对方的问题。相反，他诉诸对方的同情心。如此一来他就犯了渗加同情的谬误。你了解了吗？"

"你有手帕吗？"她哽咽着说。

我递给她手帕，然后在她擦眼泪的同时，按捺住自己想要大叫的欲望。"接下来，"我以极度忍耐的语气说："我们来讨论**错误模拟**（False Analogy）。这里有一个例子：学生在考试的时候应该可以参考课本。毕竟，外科医生开刀的时候可以看 X 光片，律师在法庭上辩论时可以看案由，木匠也需要蓝图才能盖房子，那么为什么学生在考试的时候不可以参考课本？"

"哇！"她热切地说："这是我多年来听过的最酷的意见。"

"波莉，"我不耐烦地说："这个论点是错的。医生、律师、木匠并不需要通过考试了解他们学会了多少，但是学生却需要，两者的情形是完全不同的，不能混为一谈。"

"我仍然认为那是一个不错的主意。"波莉说。

"好笨哦。"我喃喃自语。但我还是努力说服自己继续讲下去："接下来是**与事实相反的假设**（Hypothesis Contrary to Fact）。"

"听起来很有意思。"波莉回应。

"听好，如果居里夫人当初不是碰巧把一张相片底片放在装有沥青铀矿的抽屉里，到今天都不会有人知道铀的存在。"

"没错，没错，"波莉一面点头一面说："你看过那部电影吗？喔，真的太让我感动了。沃尔特·皮金表演得太好了。"

"如果你能够暂时忘掉皮金先生，"我冷冷地说："我会告诉你这个论述错了。也许居里夫人会在之后才发现铀，也许别人会发现它，也许还会发生其他一些事。你不能一开始就用一个错误的假设，然后期望从中得到正确的结论。"

"他们应该让沃尔特·皮金演更多的戏，"波莉说："我后来再也没看到他了。"

我决定给她最后一次机会，就一次。血肉之躯总有忍耐的极限。"下一个谬误是**井里下毒**（Poisoning the Well）。"

"有两个人在辩论。第一个人站起来说：'我的对手是一个恶名昭彰的骗子，他说的话你都不能信。'现在，波莉，请你想一想，用力地想一想，这中间有什么问题？"

我在她紧皱着眉头思索的时候盯着她看，突然一道智慧的光芒闪现在她的眼中。"这不公平，"她愤慨地说："这样一点都不公平。在第二个人开口说话之前，凭什么第一个人可以说他是一个骗子。"

"答对了！"我兴奋地说道："百分之百的正确。这样的确不公平，在开始喝水之前，任何人都不能够先在井水里下毒。他不能在对手还没有开口之前就先挑断他的脚筋。波莉，我真替你感到骄傲。"

"呼。"她松了一口气，高兴得脸都红了。

"亲爱的，你看，这些东西并不难嘛，你所需要做的就是专心，仔细想，然后检验一番，最后再评估一下。好，现在让我们回顾一下已经学过的。"

"继续、继续。"她用手一挥说道。

波莉并非智力低下，受此激励，我开始耐心地把所有我会的东西教给她。我不断举例子，指出其中的谬误，持续练习，直到没有失误。我就像在挖一座通道，一开始要做的就是不停地挖掘，以及在黑暗里满身大汗地工作。我不知道何时才能看到曙光，或是否能看得到。但是我坚持了下去，不停地挖掘，最后终于有了回报。我看到了曙光，然后这道光越来越强，最后阳光涌了进来，一切都沐浴在光明里。

足足花了5个晚上，把我累垮了，但这是值得的。我已经把波莉变成了逻辑专家，我教会了她思考，我的任务达成了。最后，她的表现终于证明我这么做是值得的。她对我而言是个很好的对象，是我将来很多产业的女主人，是我子女合适的母亲。

所以我对她不能没有爱情。正好相反，就像希腊神话中的皮格马利翁爱上了他所塑造的完美女子雕像，我也爱上了波莉。我决定在下一次见面的时候表达我的爱意，是该把我们的关系由学术转为浪漫了。

"波莉，"后来我们坐在橡树下的时候我说："今天晚上我们不谈逻辑。"

"喔。"她有些失望地说。

"亲爱的，"我微笑地看着她说："我们已经约会了5个晚上，我们的进展很棒，显然我们十分相配。"

"**过度概化**。"波莉很聪明地回答。

"请再说一遍？"我说。

"过度概化。"她重复了一遍："只有5次约会，你怎么能就此断定我们很相配。"

我很高兴她有这样的反应，这个孩子学得很好。"亲爱的，"我耐心轻拍着她的手说："5天已经很多了。毕竟，你不需要吃一整块蛋糕才知道它很可口。"

"**错误模拟**，"波莉立刻响应："我不是蛋糕，我是个女孩子。"

我没有了刚才的喜悦，这个孩子可能学得太好了些。我决定改变战术。而最好的方式很显然是简单、强而有力、直接地表达我的爱意。我停顿了一下，等待我聪明的大脑想出合适的字眼，接着我又说：

　　"波莉，我爱你，对我来说，你就是我的整个世界，包括月亮、星星和整个银河系。亲爱的，请答应跟我交往，如果你不肯，我的生命将毫无意义。我会很沮丧，无法进食，只能在各地流浪，变成步履蹒跚、两眼深陷的躯壳。"

　　然后我两臂交叉，等着她回答。

　　"**渗加同情**。"波莉说。

　　我咬咬牙，我不是皮格马利翁，我是科学怪人弗兰肯斯坦！我几乎快气疯了。我极力压制住被激起的怒气。为了达到目的，我仍然要保持镇定。

　　"好，波莉，"我勉强挤出一丝微笑说道，"看样子你已经把逻辑学通了。"

　　"你说得没错。"她认真地点点头。

　　"那么是谁教你的，波莉？"

　　"你教的。"

　　"没错，亲爱的，那么这样一来你就欠我一些什么，是不是？如果不是我，你绝对学不会那些推理。"

　　"**与事实相反的假设**。"她立刻回答。

　　我抹去额头上的汗水，"波莉，"我不禁抱怨："你不能把所有事情都按照字面解释。我的意思是，这些都是属于教室里的知识。你知道，学校里学的和你真实的生活没有什么关联。"

"**草率前提**。"她说，一面向我摇着她的食指。

这下可惹恼我了。我跳起脚来，像斗牛一样咆哮："你到底愿不愿意与我固定约会？"

"不愿意。"她回答。

"为什么？"我逼问她。

"因为今天下午我已经答应珀泰，要与他交往。"

我缩回来，完全被她的话打败了。珀泰答应过我，他和我有过约定，我们还握了手。"这个混蛋！"我不禁大叫出来，踢起一大片草皮，"你不能跟他去，波莉，他是个骗子，他是个坏蛋。"

"**井里下毒**，"波莉说："请不要对我大吼大叫，我想吼叫也是一种谬误。"

我用坚强的意志力压制住怒气，调整了一下音量。"好吧，"我说："你是逻辑学专家了，让我们冷静地看看这件事。你怎么会选珀泰而不选我？看看我，我是一个聪明的学生，一个知识分子，一个有美好未来的男人。再看看珀泰，他的头脑不如我，又反复无常，永远不知道下一餐在哪里。你能否给我一个合适的理由，为什么你选了珀泰？"

"当然可以，"波莉说道："他有一件浣熊皮大衣。"

【出处】

MAX SHULMAN

The Many Loves of Dobie Gillis

Harold Matson Company Inc., 1951

目前为止的内容提要

你现在已经了解了金字塔原理的基本理论，知道它会如何帮助你写文章。在应用这些原则去建立属于自己的"金字塔"之前，先来看看我们在前文强调过的重点：

基本观念

1. 文章的架构总是由多组思想搭建起金字塔结构，引导读者自上而下地阅读。

2. 金字塔结构所遵循的原则同样也适用于这些思想彼此之间的关系。

3. 读者要先掌握文章架构才能理解其中的含义。

这些观点如何结合在一起

4. 纵向的层级必须构建出疑问－回答的对话形式，从而让读者了解你的推论。

5. 横向的思想组必须通过演绎推理或归纳推理回答上一层级的问题。

6. 在金字塔顶端的思想必须能直接回答早已存在于读者心中的疑问。

现在，准备好继续深入，学习如何发现自己的观点，以及如何将它们组成金字塔结构。

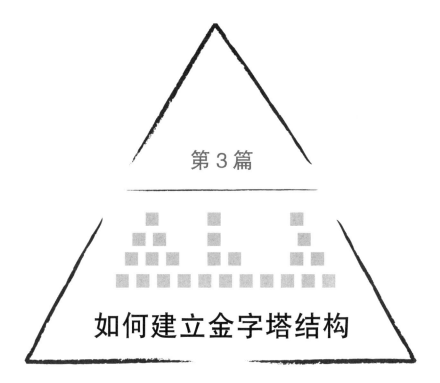

第 3 篇

如何建立金字塔结构

练习 4

序言的写法

　　文章的序言（前言、引言、导言）应概述读者已知的信息，并将这些信息与文章将要回答的疑问联系起来，然后作者就可以将全部精力放在提供回答疑问的答案上了。文章的"序言"对应演讲中的"开场白"。

　　文章的序言应当采用讲故事的形式，也就是说，序言必须先介绍读者熟悉的某些"背景"，说明发生的"冲突"，并由此引发读者的"疑问"，然后针对该"疑问"给出"答案"。这种讲故事的形式对于组织读者已知的信息非常有用。一旦掌握了这种方法，就能够迅速构思出较短的文章。文章的序言只有很少的几种模式。

　　以下练习能够帮你掌握序言的写法。

练习 4A

决定读者遇到的第一个问题

一旦确定了金字塔顶端的中心思想，位于金字塔结构其他位置的思想就可以随之确定。而且位于中心思想下一层次的思想，其实就是读者在阅读时产生的疑问的答案，每一层次的思想都是对上一层次思想的支持与解答。

从读者的阅读心理来说，顶端的思想必须和他有关。而唯一能够让你的思想与读者产生关联的方法便是让它回答读者心中已经存在的疑问，或者他稍微思考一下已知的信息会产生或者应该产生的疑问。因此，序言就是告诉读者，你打算如何回答他的疑问。

每个好故事都包含以下 3 个部分：

背景	男孩和女孩相识，并且陷入热恋。
冲突	此时，情敌出现并且要带走女孩。男孩该怎么办？
解决方案	男孩和情敌决斗后，仍然和女孩在一起。或者女孩拒绝情敌，仍然和男孩在一起。无论你想以哪种方式结束这段情节都可以。

很显然，你想告诉读者的肯定不是一个爱情故事。你想告诉他们正在讨论的主题，而且是你能想到的与该主题相关的最有趣的部分。如果你有孩子，你会知道"世界上最好的故事"就是他们已经听过的故事。因此，你可以在序言中告诉读者他们已经知道或者期

望知道的事情。

　　事实上，你只需要找出"背景"和"冲突"就能决定应该如何安排故事情节，因为金字塔结构顶端的中心思想通常就是解决方案。记住，我们稍早的时候说过，以书面形式传达你的想法，目的是回答某个问题，也就是提供问题的解决方案。

关键句

- 对由中心思想引发疑问的解答。
- 显示整份文件的撰写计划。

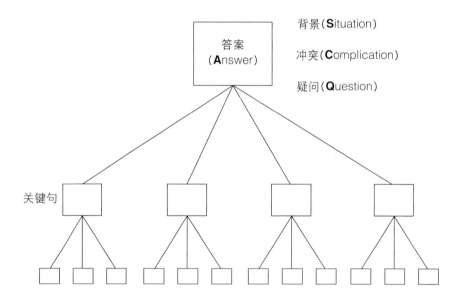

背景(**S**ituation)

冲突(**C**omplication)

疑问(**Q**uestion)

说明

序言就像金字塔一样，也有固定的结构。在每段序言中，你要确保能提示读者整段文字的背景（读者所熟悉的），然后从背景发展出冲突（也是读者所熟悉的），从而引出读者的疑问。位于金字塔结构顶端的中心思想将回答该疑问，接着读者头脑中会浮现新的疑问，然后你需要给出新的答案。

通过这种方式，你可以在读者开始阅读的最初 30 秒内完整地把你的观点传达给他们。由于读者已经知道文章的内容是在解释或支持"关键句"的思想，因此在序言中，你绝对不能只列出要讨论的主题，就如同下面的例子。你可以用讲故事的形式写序言，自然而然地提出问题，并且给出答案。

原文：只列出主题

收件人：	日期：
报告人：	主题：组织机构调整

本备忘录的目的是进一步思考和讨论以下问题，并征集建议。

1. 董事会的组成及最合适的人数。

2. 董事会和执行委员会的日常角色、具体职责及相互关系。

3. 使独立董事成为有效的参与者。

4. 董事会成员的选择和任期的相关规定。

5. 董事会和执行委员会的运作可以采取的各种方式。

修正后：提醒读者疑问所在，然后提供答案和关键句

收件人：	日期：
报告人：	主题：组织机构调整

　　10月份新设立的机构，将获得管理该机构两个部门所有日常事务的权力，以及承担全部责任，这些责任以前分属两个部门的经理。这一举措将使董事会从日常琐事中解脱出来，全力应对只能由董事会处理的全局性事务，如重大决策的规划。

　　但是，由于董事会长期深陷于处理运营问题的状态，现在无法有效地将工作重心转移到长期发展战略上。因此，董事会必须进行变革。具体来说，我们认为董事会应当考虑如下变革：

1. 将日常运营事务交由执行委员会处理。

2. 增加董事会编制，吸纳独立董事参与。

3. 制定规范内部运作的政策和流程。

> 大部分文章都会回答下列4个问题之一：
>
> 我们应该做什么？
>
> 我们应该如何做？
>
> 我们是否应该这样做？
>
> 为什么会发生这种情况？

　　希望你能熟悉序言的结构，如此一来，当你偏离主题的时候，能够马上察觉出来。以下是一些例子：

请先阅读这些例子，以便熟悉"背景—冲突—疑问"的模式，然后尝试找出下列例子中的序言结构：

学会运用"背景—冲突—疑问"模式，才能将"金字塔结构"原理作为工作时的重要技巧。如果你觉得需要多进行一些练习，可以参考练习 4B 中的"自选练习"。此外，第 132 页和第 133 页提供了商业文件和咨询文件最常用的序言模式。练习 4A-5 到练习 4A-10 的解答在本书第 276 ～ 279 页。

练习 4A-1：

阅读下文，学习序言的结构。

资本投资的风险分析

在企业主管必须做决定的所有事务中，没有什么比挑选投资商机更具挑战性了，尤其是在这些商机还没有引起其他人的注意时。当然，做这类决定的困难，并不在于要依据一组假设来计算投资回报率，而在于决定采用哪些假设，以及它们的影响。

每个假设都有不确定性，通常风险都很高；这些假设集合起来形成的不确定性相比于单个的不确定性成倍增加，会对最终结果造成很大影响。面对这些风险因素，企业主管在进行评估时，能够从目前可用的工具和技术中获得一些帮助。

如果能提供一个衡量风险的方法，就可以帮助企业主管在主要投资上做出正确决定。因为有了衡量方法，主管就能按照公司的目标评估每项投资的风险，并且能更明智地衡量各种替代方案的风险。

【出处】

David B. Hertz

Harvard Business Review

January-February, 1964, and September-October, 1979

S = 需要在各种投资商机中进行选择

C = 不知道如何评估各种假设的风险

Q = 有没有能够实际衡量相关风险的方法呢

A = 有的

练习 4A-2：

阅读下文，学习序言的结构。

再一次讨论：如何激励员工

在许多文章、书籍、演讲和专题研讨会中，常常能听见企业主失望地发问："如何才能找到完全按照我的想法工作的员工呢？"

用来鼓舞员工的激励心理学方法极为复杂，而且这些方法很大程度上都说不清楚。即便如此，也未能浇灭大家寻求新方法的热情，而且大多数新方法都经过了学术机构的验证。

本文并不是要贬抑目前市场上已有的方法，但是既然激励心理学方法中的许多观点已经在许多公司和组织中得到了运用，我希望能够在后文阐明，对大家有所帮助。

【出处】

Frederick Herzberg

Harvard Business Review

January-February, 1968

S＝希望员工主动参与特定活动

C＝需要应用到激励心理学

Q＝我们如何执行激励心理学的方法

A＝在本文中阐明这些方法

练习 4A-3：

阅读下文，学习序言的结构。

目光短浅的市场营销

每个主要产业都经历过成长期，但是许多目前仍在成长的产业已经出现了衰退的迹象，而且一些被归为季节性成长的产业实际上已经停止成长。产业的成长受到威胁、减缓或停止，并不是因为市场已经饱和，而是管理的失败。

【出处】

Theodore Levitt

Harvard Business Review

July-August, 1960, and September-October, 1975

S＝许多主要产业已经停止成长或者出现了衰退迹象

C＝假设出现这种状况的原因是市场达到了饱和

Q＝这个假设正确吗

A＝不正确，原因是管理上的失败

练习 4A-4 :

阅读下文，学习序言的结构。

生态保护和经济发展：结束困境

制定环境保护法的观念已经很普及了，而且人们也勉强能接受：这一观念的普及是因为每个人都希望有适合的居住环境，而只能勉强接受是因为"环境管制会侵蚀竞争力"的念头仍挥之不去。流行的看法认为，生态保护和经济发展之间是一种固有和不变的权衡取舍。一边是严格的环境标准带来的社会利益，另一边则是企业为了预防和消除生态破坏需支付费用，造成产品的成本上升、企业竞争力下降。

以上这种看法使得对于环境质量的追求成为掰手腕的比赛——一边催促制定更严格的标准，另一边又想降低标准。至于往哪个方向改变，则要看当时的政治风向。这种对于环境管理条例的认知（即认为除了法条以外，其余都维持不变）是错误的。如果科技、产品、程序和消费者需求都固定不变，若实施管理条例，则产品的成本不可避免地会提高。但是现实世界竞争激烈、变动不居，而不是很多经济理论所描述的静态世界。企业无时无刻不在寻找各种创新的解决方案，以应付竞争者、顾客与政府管理机构的压力。

所以，设计得当的环保标准可以推动技术革新、降低产品的总成本，或是提高产品的价值。

【出处】

Michael E. Porter and Class van der Linde

Harvard Business Review

September-October, 1995

S＝流行的看法是，生态保护和经济发展之间有一种不变的权衡取舍。其转变由政治因素决定。

C＝但是权衡取舍并非一成不变的，企业创新性的解决方案可以应对竞争者、客户和政府管理组织的压力。

Q＝设计得当的环保标准可以推动创新方案产生吗？

练习 4A-5：

说明下文案例中的背景（S）、冲突（C）及疑问（Q）的本质。

董事会的任务

10 月份新设立的机构，将获得管理该机构两个部门所有日常事务的权力，并承担全部责任，这些责任以前分属两个部门的经理。这一举措将使董事会从日常琐事中解脱出来，全力应对只能由董事会处理的全局性事务，如重大决策和规划。

但是，由于董事会长期深陷于处理运营问题的状态，现在无法有效地将工作重心转移到长期发展战略上。因此，董事会必须进行变革。具体来说，我们认为董事会应当考虑如下变革。

S =

C =

Q =

练习 4A-6：

说明下文案例中的背景（S）、冲突（C）及疑问（Q）的本质。

远离日本市场

日元强势造成竞争日趋激烈，而克林顿政府的贸易谈判显然并未成功，这使得美国和欧洲的许多公司都已经放弃在日本市场寻求新的商机。在尝试进入日本市场的过程中，各种努力已被证实是无用的。某些公司已经把注意力转移到了中国、印度等新兴市场，但是忽视日本市场却是一个严重的错误。

S =

C =

Q =

练习 4A-7 :

说明下文案例中的背景（S）、冲突（C）及疑问（Q）的本质。

电视收视率的下降

目前在美国出现一种趋势：电视的收视率正在下降。尼尔森的调查报告显示，白天的收视率减少了 6.4%，晚上则下降 了 3.1%。我们现在谈论的是数以百万计的民众，牵涉的重要问题是：这些人到哪里去了？若他们不看电视，那他们究竟选择了哪些替代性的消遣活动呢？

S =

C =

Q =

练习 4A-8：

说明下文案例中的背景（S）、冲突（C）及疑问（Q）的本质。

欲速则不达

计算机的生命周期在持续缩短，一般每隔几个月就会推陈出新。"缓慢"的钢铁行业也加快了销售速度。速度是产业发展的根本之一，另外还有质量和成本。各行各业都知道自己必须同时供货给所有客户。

然而，世界级的产品开发工作到目前为止仍属例外。即使是最训练有素和有创造力的产品开发团队，都可能受困于开发流程的延误、彼此的指责和低劣的质量。通常，问题之所以发生，是因为人们没有将产品开发视为动态的整体性工作。经理人通常为了改善绩效而拆解开发流程。

如果盲目执行这些改善绩效的措施，而不考虑推动产品开发的各种关系，那么拆解流程的改善措施很可能会带来负面影响。比如说，设定积极的商品化流程表，其结果时常与计划相反。也就是说，不但交货期延后，产品质量也有所下降。许多其他的经营理念，比如"精准和适当"的人事，也会在无意间造成产品开发的问题。我们需要一套整合的方法，能够掌握产品开发的整个复杂系统。

S =

C =

Q =

练习 4A-9：

说明下文案例中的背景（S）、冲突（C）及疑问（Q）的本质。

美国的发展史

精心搜集的数据显示，到 17 世纪中叶，按照购买力计算，美国殖民地居民的平均收入已经超过英国本土民众的平均收入。另外，良好的饮食使他们的健康状况也好过旧世界的居民。比如，独立战争时军人的平均身高要比他们的英国对手高 7 ～ 10 厘米。在这种幸运的环境下，美国人越来越乐观和自信，收入也在快速增加。

广阔的疆域、丰富的天然资源和繁荣的国内贸易，以及部分由"黑奴"支撑起来的农业出口贸易，造就了美国非凡的繁荣。但是，我认为大部分美国人都有一个根深蒂固的信念，就是过分单纯地认为，从南北战争之后，美国的经济增长几乎完全拜科学、工程和 19 世纪的技术突破所赐，也许还有企业家精神和较为自由的市场经济。

但相比于其他工业化国家，美国在这些领域其实并没有任何特殊的优势。

S =

C =

Q =

练习 4A-10：

说明下文案例中的背景（S）、冲突（C）及疑问（Q）的本质。

校园内的自重

马萨诸塞州剑桥市有这样一则新闻：麻省理工学院83%的学生承认，在他们求学过程中，至少有过一次考试作弊的经历，2/3的学生承认有过抄袭经历，且有一半学生承认剽窃过别人的观点。在这项调查中，让我困惑的不是83%考试作弊的学生，而是那17%没有作弊的学生。我要去拜访那些没有作弊的学生。

S =

C =

Q =

练习 4B

自选练习

找出序言的结构能确保你的文章正确回答读者的疑问。为了写出一篇好序言，需要分辨"背景"和"冲突"之间的差异。

有时候序言可以分成 2 ～ 3 个段落，如果是这种情况，要找出文章背后的故事情节将更为困难，虽然这种方式会让序言更有说服力和吸引力。

对此，你可以先练习如何从比较长的例子中概括故事情节，也可以观察如何使用修辞和结构，以读者感兴趣的方式引出你的文章想要回答的问题。

解答在本书第 280 ～ 281 页。

产品管理的回报

许多产品经理因为业绩突出，成功进行产品管理和经营公司，获得了丰厚的回报。面对竞争激烈的混乱市场，他们掌管的知名品牌取得了可观的市场占有率和高额利润，从而赢得了"经营之神"的称号。在许多生产多种产品的、复杂的大型企业中，产品经理可以基于产品获得相应领导权；而在较小的、组织结构紧密的企业中，最高管理者则会将领导权直接交给其最主要的产品生产线的经理。

最近的一项调查显示，抽样的 4 家公司里有 3 家正在使用"产品管理"这个组织化概念，这一点毫不出人意料。令人惊讶的是，人们对于产品经理的行事作风及"产品管理"的概念充满了不满。

这些日渐增加的抱怨会让人认为"'产品管理'的概念不切实际"吗？当然不会，因为在许多案例中，"产品管理"的概念运作良好，这说明它不只是一个可靠的观念，而且在许多方面都不可或缺。因为概念健全可靠，它在许多情况下都适用。而如果失败，究其原因，几乎都是管理阶层滥用或误用管理工具所致。

【出处】

B. CHARLES AMES

Harvard Business Review

November-December, 1963

S =

C =

Q =

A =

练习 4B-2

客户与顾问的关系

　　我是你的潜在客户，我想先介绍自己。无论你是一位咨询顾问（自己经营公司或是在顾问公司工作），还是在我公司工作的项目员工，我都是你的提案读者。你正在尝试向我推销服务，而我将单独或是与其他人一起决定你或别人能否获得这份工作。同样地，如果你是推销构想的人，我也是你的读者。你尝试向我推销想法，而我会单独或和其他人共同决定该想法是否能形成一个有效、可行、可使用或可集资的计划。在这些情形下，你的工作就是说服我采用你的想法。

　　无论你身处何种情境，在你和我的关系中，我们的处境有很大不同。你对我有所求，而我在考验你。你在争取我的认同，我在评估你的能力、见解、洞察力、个人特质，以及对我的支持力度。我知道你想从我这里获得肯定，认为你的服务或想法是值得的，而且在很多情况下比其他人的服务或想法更值得。但是你不一定了解我的背景和需求，因此我会告诉你这些。

【出处】

RICHARD C. FREED/SHERVIN FREED/JOE ROMANO

Writing Winning Business Proposals

McGraw-Hill Inc., 1995

S =

C =

Q =

A =

科学的独特性

历史会记得我们这个世纪，不是因为曾发生过的野蛮战争，而是在基础科学知识方面的贡献。在 20 世纪，遗传学已经被简化成单纯的化学作用，而化学作用又简化成原子和分子的量子物理作用。现在，我们连古老星球内部如何产生原子的过程都搞清楚了。无论将来有何新的科学发现，都要以 20 世纪的科学研究为基础。

许多科学知识和成就鲜为一般人所知，甚至非相应领域的科学家也不知道。例如，大多数人相信，每门科学都来自于人类的先天智慧和好奇心，它是人类文明发展自然生出的一部分。就其本质来说，科学可能是从史前时代"人类随时随地都在尝试解决生活上的无数问题"开始，从某位人类祖先利用岩石的碎片切开兽皮开始，最终使得他的后代登陆月球。随着科学的继续发展，新的科学知识将会不断取代旧的知识。

但是我所了解的历史和人类发展理论，却指向极为不同的结论。如同本书所主张的，具有分析性和客观性的"科学思维"远不同于主观性的传统人类思维。科学绝非人类自然发展的一部分，而是有其独特的历史因素。从人类数千年的文明发展史来看，科学是在晚近时代才发展起来。

【出处】

ALAN CROMER

Uncommon Sense: The Heretical Nature of Science

Oxford University Press, 1993

S =

C =

Q =

A =

医疗科技

美国出于需要，不得不斥巨资投资科技公司，进行技术评估已经成为例行工作。思维敏捷的拨款委员会不断评估各种花费的效率和数额，涵盖太空、国防、能源、交通等各类事务，以便为未来投资提供明智建议。

至于医疗方面，据说美国花费了超过 800 亿美元的预算，却未能推动多少医疗分析工作。人们似乎理所当然地认为，医疗科技是现成的，只是要不要采用而已，而政策制定者唯一感兴趣的问题是，如何公平地向所有民众提供医疗服务。

技术分析师迟早一定会面对医疗科技，那时他们必须面对一个问题——如何衡量所有治疗疾病的措施的相对成本与有效性。我希望他们能做得很好，但我也能够想象他们会有困惑。一方面，疾病治疗方法经常变化，这是由全世界生物科技的新进展使然；另一方面，很多治疗成功的案例与科技根本没什么密切关系，有的甚至一点关系也没有。

事实上，医疗存在 3 个程度不同的技术层级，几乎可以算是完全不同的工作。如果不把医生和医疗技术分析师彼此分开的话，就会有麻烦。

【出处】

LEWIS THOMAS

The Lives of a Cell

The Viking Press, 1974

S =

C =

Q =

A =

电视影像的问题出在哪

在看电视时，你是否抱怨过图像的分辨率、屏幕上的影像扭曲或者画面有延迟呢？也许没有，但如果你遇到过这类问题，那绝对是显示器的原因。或者，正如布鲁斯·斯普林斯汀所说："57 个频道都没有什么内容。"几乎所有研究都认定，电视技术的进步只是就提升图像显示质量而言，并不包括内容艺术性的提升。

1972 年，一些有远见的日本人努力思考，下一代电视应该有什么革命性的发展。他们共同的结论是更高的分辨率，以及从黑白电视到彩色电视，接着是发展出拥有电影质量的电视，即"高清晰度电视"（HDTV）。在模拟的领域中，这是提升电视质量合乎逻辑的方向，也是日本人在此后 14 年中努力的目标，即"高清电视"（Hi-Vision）。

1986 年，因为日本主宰了新一代电视的发展，欧洲产生了戒备。但糟糕的是，美国竟然向"高清电视"靠拢，而且和日本人合作推动它成为世界标准。现在，美国的许多高画质电视的拥护者，以及大部分的新国家主义者很轻易就忘记了支持日本模拟系统的决定是错误的。基于纯粹贸易保护主义者的立场，欧洲投票反对"高清电视"的发展，算是帮了美国很大的忙，虽然是基于错误的理由。他们随后自行发展出模拟高画质电视系统"HD-MAC"。在我看来，其质量比高清电视稍微差些。

最近，美国像是沉睡的巨人终于醒来，开始联合世界上其他国家采用相同的模拟技术来解决电视画质的问题，并且成为参与决定电视未来的第三方，也就是解决屏幕图像的质量问题。但糟糕的是，他们仍然尝试以老旧的模拟技术来解决问题。每个人都假定，提升图像质量是即将采取的关键步骤。很不幸，事实并非如此。

没有证据支持这种假设，即假定消费者会偏好更好的图像质量而非更好的内容。相比于今天拥有剧院音效的电视来说，到目前为止，所有建议改善电视画质的解决方案都没能让图像质量产生引人注目的提升。目前的高清电视也没有什么值得夸耀的。

【出处】

NICHOLAS NEGROPONTE

Being Digital

Alfred A. Knopf, 1995

S =

C =

Q =

A =

商业文件序言的一般格式

我们应该做什么	1.解决简单的问题 S=面对 X 情境 C=情况并不是你认为的 Q=我们应该做什么	2.从替代性方案中选择 S=我们想要执行 X C=我们有 3 种关于如何招待的方案 Q=哪一个方案最好		
我们应该如何做	1.指令 S=我们想要执行 X C=执行它需要你帮忙 Q=我要如何帮忙	2.说明如何执行新的活动 S=必须执行 X 活动 C=尚未准备好执行 Q=我们如何才能准备好	3.说明如何适当地执行某事 S=我们已经有 X 系统 C=它无法有效运作 Q=如何让它有效运作	4.建议策略 S=无法按照计划执行 C=必须采取 Y 行动 Q=如何进行	5.解释造成某种后果的原因 S=经历 X 的微小改变 C=将会引起 Y 的巨大改变 Q=Y 会产生何种特定改变
我们是否该这样做	1.判断"我们应该做吗" S=考虑做 X C=除非是 Y 这种情况,否则别做 Q=是 Y 这种情况吗	2.质疑某个行动 S=已经提出新的建议 C=与旧的提议类似 Q=这有道理吗	3.寻求核准支出费用 S=我们有一个问题 C=我们有解决方案,但是需要经费才能实行 Q=我们应该核准这项支出吗		
为什么会发生这种情况	1.解释事情发生的状况 (A) S=多年来只有 X C=然后突然到处都有 Y Q=为什么会发生这种情形	2.解释事情发生的状况 (B) S=有 X% 做了 A C=有 Y% 并未做 A Q=为什么不做			

咨询文件序言的一般格式

我们应该按照提议做吗	1.它是正确的行动吗 S=有背景／疑问 C=计划行动 Q=它是正确的行动吗	2.会有问题吗 S=曾有疑问，现在已有解决方案 C=担心执行时可能会有问题 Q=会有问题吗	3.解决方案有效吗 S=曾有疑问，现在已有解决方案 C=测试解决方案 Q=它有效吗	4.解决方案能达成目标吗 S=计划行动 C=除非达成Y，否则不要去做 Q=可以达成Y吗	5.建议书 (B) S=你有一个问题 C=你希望顾问帮忙解决它 Q=我们是你应该雇用的顾问吗
我们应该如何做	1.如何解决问题 S=曾做过／想要去做X／有背景 C=曾经无效／不能做／有疑问 Q=如何着手进行	2.如何采取想要的行动 S=有疑问 C=想要能够做X的解决方案 Q=做什么才能得到解决方案	3.替代方案 S=想要做X C=有做它的替代方法 Q=哪一个最好	4.审核 S=现在依照X程序达成Y C=审核程序，以便决定是否需要任何改变 Q=需要任何的改变吗	5.第一次进度检讨 S=LOP说我们将要做X以解决问题 C=现在已经做了X Q=你发现了什么
我们应该如何做某事	1.如何执行所需行动 S=必须执行X以解决问题 C=若要执行X必须先完成Y Q=我如何执行Y	2.如何实行解决方案 S=你有一个问题 C=你有解决方案，但不确定如何实行 Q=如何实行解决方案	3.你是如何做的 S=我们曾有一个问题 C=我们执行X解决它 Q=如何实行解决方案	4.它的效果如何 S=有／曾有目标 C=安装系统／程序以达到目的 Q=它的效果如何	5.建议书 (A) S=你有一个问题 C=你希望顾问帮忙解决它 Q=你会如何帮助我们解决

练习 5

构建自己的金字塔

当你坐下来开始写作时，常会遇到这样的情形：你只是大致知道要写什么，但并不清楚具体想表达什么，以及如何表达。即使你知道最终呈现的思想必定会组成金字塔结构，也仍然会有这种不确定感。

实际上，你对将要完成的"成品"已经有了很多了解。首先，你知道在文章的金字塔结构顶端将有一个包括主语和谓语的句子，其次，你知道这个句子的主语就是文章的主题。

你还知道，这个句子是对读者头脑中业已存在的某个疑问的回答。当在(读者了解的)某个"背景"中发生了(读者了解的)某种"冲突"，就会引发读者的"疑问"，而回答这个"疑问"就是你写作的动机。你可能还大致知道一些将要表达的要点。

通过以下的练习，你将会进一步掌握如何构建金字塔结构。

练习 5A

套用 S-C-Q 模式

现在你已经了解金字塔结构中各种观点之间的关系：从纵向来说，是和读者进行"疑问-回答"式的对话；从横向上看，则是演绎或归纳推理。而且你也知道，位于金字塔结构顶端的论点就是与读者讨论他已知的事物时所产生问题的答案。

你可以以这些知识为基础，开始构建金字塔结构，步骤如下：

步骤 1 **利用你最有把握的信息理清思路**

- 在金字塔结构顶端画一个方框；
- 说明所要讨论的主题；
- 说明要讨论的主题在读者心中引起的疑问；
- 说明答案（如果你已经知道），或者确定你是否可以回答此问题。

步骤 2 **构思序言时，为了读者，务必要确定你所采取的步骤是正确的**

- 先针对主题进行简短的陈述，并确定读者会同意你的说法；
- 想象你已经开始和读者进行"疑问—回答"式对话，关于你的陈述他会如此响应——"是的,我知道你说的,但是那又怎样"；
- 如此会产生冲突；

- 冲突必然会引发疑问；

- 疑问应该有答案。

步骤 3　找出关键句

- 说明由最顶端方框内的思想引发的疑问；

- 决定是用归纳法还是演绎法回答这个疑问（可能的话，请尽量采用归纳法）；

- 如果是用归纳法，请用单一名词描述你在分类时使用的观点类型；

- 说明论点。

步骤 4　以相同方式安排支持论点的结构，确定你遵守金字塔结构的规则

- 任一层级的思想都属于同一逻辑范畴；

- 任一层级的思想都必须按照逻辑顺序排列；

- 上一层级的思想应该是本层级思想的总结和概括。

步骤 1　理清思路

- 主旨
- 正要回答的疑问
- 答案

步骤 2　构思序言

- 背景
- 冲突
- 疑问–回答

步骤 3　找出关键句

- 引发的问题
- 演绎推理或归纳推理
- 单一名词

步骤 4　安排支持观点的结构

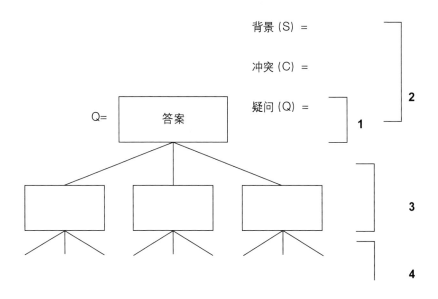

练习 5A：

我们将利用你在第 122 页"产品管理"序言中看到的信息来说明构造金字塔的程序。

产品管理的回报

许多产品经理因为业绩突出，成功进行产品管理和经营公司，获得了丰厚的回报。面对竞争激烈的混乱市场，他们掌管的知名品牌取得了可观的市场占有率和高额利润，从而赢得了"经营之神"的称号。在许多生产多种产品的、复杂的大型企业中，产品经理可以基于产品获得相应领导权；而在较小的、组织结构紧密的企业中，最高管理者则会将领导权直接交给其最主要的产品生产线的经理。

最近的一项调查显示，抽样的 4 家公司里有 3 家正在使用"产品管理"这个组织化概念，这一点毫不出人意料。令人惊讶的是，人们对于产品经理的行事作风及"产品管理"的概念充满了不满。

这些日渐增加的抱怨会让人认为"'产品管理'的概念不切实际"吗？当然不会，因为在许多案例中，"产品管理"的概念运作良好，这说明它不只是一个可靠的观念，而且在许多方面都不可或缺。因为概念健全可靠，它在许多情况下都适用。而如果失败，究其原因，几乎都是管理阶层滥用或误用管理工具所致。

1．画出方框并且填入主题：

产品管理

让我们回到问题上来。你要写给谁看，你希望读者读完之后心中产生哪些疑问，能够得到什么样的答案?

读者:《哈佛商业评论》的读者。
疑问: 产品管理是一个失败的概念吗?

答案是什么（如果你知道的话）?

答案: 不，它是一个好概念。

现在你已经有了疑问和答案，你想检查一下它们在读者心中是否正确。

2. **根据这个主题，我们再回到"背景"中，做出第一个没有争议的陈述。它必须是所有读者都认可的事实，或者是读者已经知道的，或者一直为人们所熟知的，因此很容易判断。**

S = "产品管理"这个概念已经非常成功，在该产业中非常普遍，许多人都在使用它。

你可以想象一下类似这样的背景：你对《哈佛商业评论》的读者解释了上述情境，他回应说:"是的，我知道这些，那又怎样。"这会引导你来到"冲突"阶段。

C = 但是仍有一些抱怨，表示引入"产品经理"进行产品管理效果并不是很好，结论是它并不实用。

冲突应该会引发"疑问":

Q = 它实用吗?

现在，我们已经稍微改变问题的用词，但是并不足以改变它的结构性影响。不过仍然会得出下述"答案"：

A ＝"产品管理"是一个不错的概念，只是使用不当。

现在我们可以列出序言概要：

S ＝产品管理非常成功，也颇受欢迎。
C ＝有人抱怨效果并不理想，不是很实用。
Q ＝这些抱怨是真的吗？

> 产品管理是一个不错的概念，
> 只是使用不当

3．接下来，来到关键句层级。

现在，位于金字塔结构顶端的论点在读者心中引发了一个新的疑问。

它是如何使用不当的？

在关键句的方框内，填入公司未能正确使用产品管理方法的观点，你可以进行归纳分类：

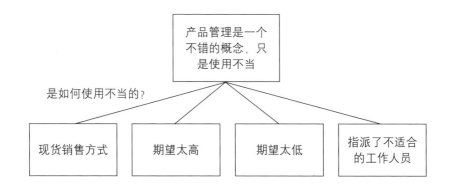

现货销售方式　期望太高　期望太低　指派了不适合的工作人员

4. 位于金字塔结构较低层级的观点同样根据"疑问-回答"的方式建立。

你一定很想试着构建金字塔结构。让我们先从一些简单的练习开始，首先我们会为你提供已有的金字塔结构和相关的背景资料，你可以据此完成序言。下面是两个练习。在每个练习的金字塔结构中，加下划线的短语就是文章的主题，每篇背景资料结尾处都有对序言结构的建议和提示。

练习 5A-1：合理化计划　　　　　　　　　　第 142 页
练习 5A-2：钻探甲烷　　　　　　　　　　　第 144 页

解答在本书第 282 ～ 283 页。

合理化计划

这份文件是针对一家位于新西兰的银行集团写的。他们已经决定要执行合理化计划，用以降低成本。

他们制订了 822 项（实际数量）计划，都是周期长达一年的全国性计划。

这显然是一项庞杂的工作，该银行集团认识到他们可能无法自行完成，因此非常明智地雇用了 6 位专业人员组成一个小组来执行这项工作。这个执行小组从 7 月 1 日开始工作，到第二年的 6 月 30 日完成任务。（他们必须在 6 月 30 日完成工作，因为他们的入境签证届时将到期。）当时银行集团认为，执行小组已经能够满足整个计划所需的人力，不需要再增加或更换人手。

现在是 4 月，执行小组已经完成了 100 项计划。工作备忘录中写着："为了缩减合理化计划的规模，以便更容易处理，应该做 X。"

如果这就是答案，那么读者最初的疑问是什么呢？为此，你需要先规划出"背景"和"冲突"，引导读者提出这个疑问。

S=

C=

Q=

```
                    ┌─────────────────────┐
                    │ 为了缩减合理化计划的规  │
                    │ 模，以便更容易处理，应  │
                    │ 该筛选执行获利高的提案  │
                    └─────────────────────┘
           ┌──────────────┼──────────────┐
┌────────────────┐ ┌────────────────┐ ┌────────────────┐
│ 对于目前清单中那  │ │ 重新严格评估清单  │ │ 确定实际可行的工  │
│ 些低资本支出的计  │ │ 中的其余计划，删  │ │ 作期限，以完成第  │
│ 划，务必遵守 6 月 │ │ 除获利低的计划    │ │ 二阶段计划       │
│ 底的工作期限     │ │                │ │                │
└────────────────┘ └────────────────┘ └────────────────┘
```

钻探甲烷

甲烷经常被用来做各种能源应用研究。几年前，开采甲烷是非常重要的事情（相信将来也依然如此）。曾经有一家专业公司在亚利桑那州和科罗拉多州交界的偏僻地区发现了一个甲烷矿区，但是它深深埋藏在地下含水层中。虽然我们有现代化的抽水技术，但要将甲烷开采到地面，成本还是相当高的。

然而，最近一些工程师在尝试说服公司，认为不需要再为甲烷的开采问题忧虑。他们说："甲烷埋藏在如此深的地下，只需要在含水层打洞，地底的压力就足以把甲烷快速压送到地面上，这样公司就可以大赚一笔了。"

有人曾写过一份备忘录，提出"钻探甲烷要商业化还不可行"。如果这就是对读者疑问的回答，那么疑问会是什么呢？请试着写出"背景"和"冲突"，引导读者提出疑问。

S=

C=

Q=

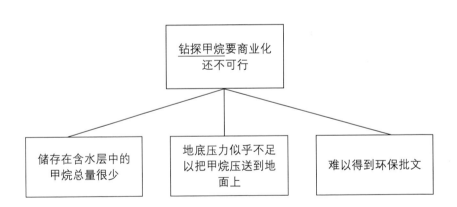

练习 5B

更多构建金字塔结构的练习

下面是更多的练习，能让你进一步熟悉思考流程，在下笔写作之前，先把思想系统地组织成金字塔结构。

解答在本书第 284 ～ 286 页。

练习 5B-1：

请阅读以下内容及文后建议的金字塔结构，并写下适当的背景（S）、冲突（C）和疑问（Q）。

PAGAM 资产处理费用

收件人：	日期：
报告人：	主题：PAGAM 资产处理费用的会计作账

背景

PAGAM 目前管理着位于俄克拉荷马州 16 万平方米的土地和物业资产。PAGAM 正在申请核准文件，以便清理环境中的有害物质，并拆除现在已成废墟的建筑物。

因为债务人（Langley Trust 信托公司）拖欠了 265.5 万美元的票据，这些建筑物由 PAGAM 接收。这些建筑物按照一般市价登记，价值 265.5 万美元。

议题

清理环境的费用应列为费用支出还是资本支出。

关于 PAGAM 的资产处理项目，有一些问题需要确定：

1. 为了出售资产，清理环境时必须去除建筑物内部残存的石棉。这项清理工作是法律强制要求的。

2. 这些建筑物是因为债务人(Langley Trust 信托公司)拖欠票据，而由 PAGAM 接收的抵押品。建筑物是按照一般市场价格登记的，但在我们拥有这些资产的多年时间中，俄克拉荷马州的房地产价格已经大幅下跌。我们没有对土地进行价格重估，因此也没有进行任何账面价值的调整。[不要认为土地重估必然可行，请参阅《会计期刊》（*Journal of Accountancy*）的内容。] 我们极有可能在出售资产时遭受损失。

3. 因此，在出售土地前必不可少的环境清理费用（土地污染清理费），究竟应列为资本支出还是费用支出？我相信会计作账时，恰当的做法是列为费用支出。

前提

第 8 条：把清除环境污染物的费用列为资本支出。

可以列为资本支出的费用必须符合下列标准：

- 必须是为了准备出售目前持有资产而产生的费用；
- 产生这些费用是为了改善公司拥有资产的安全性；
- 避免环境持续污染的费用。

第 8 条补充：办公大楼中的空气已经受到石棉纤维的污染。这栋建筑物对于在工厂／办公室工作的工人已经属于危险环境。

结论：把去除石棉的费用列为资本支出。

重要性

待出售建筑物的清理费用总共约 35 万美元。这项费用对 PAGAM 公司的整体财务状况影响重大。因此，建议把这项清理费用拆分为土地污染清理费和建筑物清理费，并将后者列为资本支出。

练习：请说明背景、冲突和疑问。

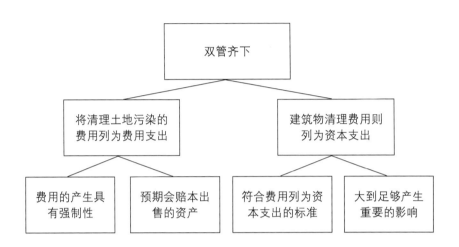

S=

C=

Q=

练习 5B-2：

请阅读以下内容及文后建议的金字塔结构，并写下适当的背景（S）、冲突（C）和疑问（Q）。

TRW 信息系统事业小组

TRW 公司内部的信息系统事业小组（ISG）正考虑投入企业外部的 SEI & M 市场（系统工程、整合及经营管理），提供专业服务和办公室的整合自动化系统。核心业务包括：

- 需求分析
- 系统设计
- 开发工作
- 安装设备
- 系统整合
- 经营管理
- 维修服务

ISG 小组对于系统设计／开发、网络设计／开发及系统整合工作有专业的项目管理技术和丰富的经验。但由于 TRW 公司本身对于这些服务的需求正在减少，该小组面临解散的危机。因此，该小组必须在公司外寻求服务机会，并有信心能够做好设备管理、网络运作和维修服务的工作。

你可以设想自己负责领导这个小组，并且与他们共同工作，你相信 ISG 小组有很好的想法。你准备撰写一份策略建议书，按照策略的实施步骤来安排文件结构，如第 152 页建议的结构所示。但是，首先你必须安排好序言的结构。以下是你得到的信息。

1. 企业外部的 SEI & M 市场有 13 亿 ～ 20 亿美元的规模，年增长率是 10% ～ 13%，分成政府及商业组织两个区块：

   • 政府占 70%，主要是国防部的项目；
   • 商业组织则由许多小规模的承包商组成。

2. 随着无线电通信业解除管制，对系统整合服务的需求仍然保持高速增长。

3. 竞争者扩大了企业规模，而且可以运用多种竞争策略：

   • 提供高附加值产品的供货商；
   • 成本低廉的可靠供货商；
   • 提供利基产品／服务的特殊供货商；
   • 以服务现有客户为基础。

4. 每个区块的主要成功因素都不一样。

练习：请说明背景、冲突和疑问。

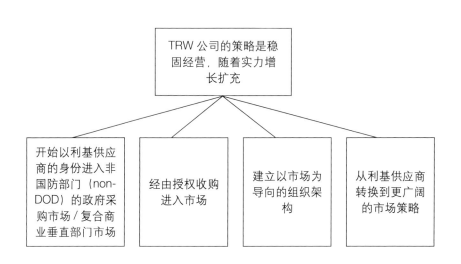

S=

C=

Q=

练习 5B-3：

请阅读以下内容及文后建议的金字塔结构，并写下适当的背景（S）、冲突（C）和疑问（Q）。

供货商资格、评鉴和开发

奥兰多（Orlando）是一家拥有众多分支机构的大型公司。该公司的业务总监向你询问，如何确定他们的供货商都是合格的。

奥兰多并没有集中采购部门，也没有建立正式的供货商评鉴或资格认定程序供公司各部门使用。每个部门可以自行决定哪些厂商可以供应特定的产品和服务，每年的采购额达 6 亿美元。其中涵盖由数百家供货商提供的各种原材料，这些都是由不同工作背景的员工决定的。

业务总监认为，许多供货商已经认定，销售产品给奥兰多是他们的权利，而不是努力争取的结果。

他认为公司需要一套正式并且经过整合的供货商评鉴、资格认定和开发程序，以便协助奥兰多制订采购策略。

你已经开发出实用的程序，而且准备撰写一份备忘录发给公司的其他部门。你已经建立好如下页所示的金字塔结构。

练习：请说明背景、冲突和疑问。

建议结构

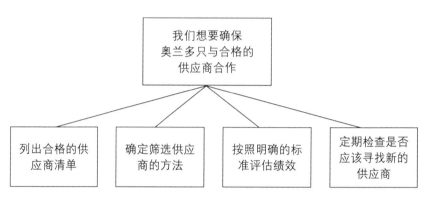

我们想要确保
奥兰多只与合格的
供应商合作

| 列出合格的供应商清单 | 确定筛选供应商的方法 | 按照明确的标准评估绩效 | 定期检查是否应该寻找新的供应商 |

确认厂商
- 确认厂商
- 资格认定
- 评定等级

确定筛选机制
- 公开招标
- 资格预审
- 谈判条件
选择标准
- 标准型
- 独特型
按照标准评估

- 成本
- 品质
- 交货期

S=

C=

Q=

练习 5B-4：

请阅读以下内容及文后建议的金字塔结构，并写下适当的背景（S）、冲突（C）和疑问（Q）。

A.B. 工业公司的采购作业

请设想你在一家名为"A. B. 工业公司"的大型零售商公司工作，你要帮助它找出可能的收购对象。这家公司共有 7 家子公司，每家子公司都有不止一个部门，而且每个部门都有一间或多间工厂。

在现有的公司架构下，决策机制高度分散，这反映出公司当初是在不同时期收购的各家子公司，而且大多数子公司都保持着原有架构。

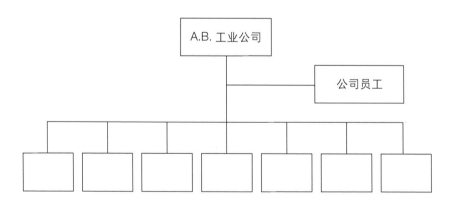

你在工作过程中注意到，每家子公司都是自行做决策，且通常是由各自的工厂做决策。你还注意到，整个公司每年在采购上大约要花费 9.82 亿美元（占销售金额的 25%）。采购项目非常庞杂，但是都集中于有限的供货商手中。很明显，A. B. 工业公司并未掌控子公司的采购业务。

你可以很容易地看出，只需要推行大批集中采购，公司就极有可能节省许多成本。同时，集中采购可以剔除不必要的业务，减少人力。A. B. 工业公司的董事长要求你给出简明扼要的分析报告（不需要提供详细数据），你可以强调这个明显有益于公司的机会。

你已经在 3 家子公司进行过几次面谈，得出的结论是，集中采购可以节省大量成本（1.2 亿～ 2 亿美元）。据此，你准备建议董事长进行彻底的调查，找出实际节省成本的方法和采购工作中需要改进的地方。

练习：请说明背景、冲突和疑问。

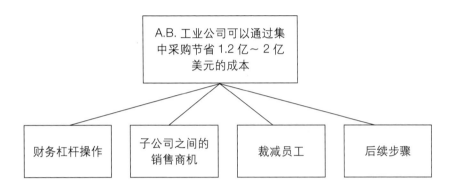

S=

C=

Q=

练习 5B-5：

阅读以下内容，建立背景（S）、冲突（C）、疑问（Q）结构，将关键句填入金字塔结构内。

报废资产申报系统建议方案

你任职于美国一家大公司的会计部。在过去 60 天内，你都在测试一套很棒的新计算机软件程序。你认为它是一套能帮助你更快完成工作的完美工具，能够登记和提报尚未轧入的公司支票。

你想建议公司用 25000 美元购买该程序，外加每年 5000 美元的维护费用。因为开发者想要促销产品，所以 25000 美元的报价较目前的市价低 20%。如果购买了这套软件，公司在 11 月 38 个州的申报时间截止前，就可以节省很多费用。

这个产品简称为 APECS ／ PC（报废资产回收合规申报系统），由 NYNEX 的分公司 Disc 开发。Disc 公司位于马里兰州巴尔的摩市，提供各种计算机主机及以个人电脑为基础的计算机产品和服务。你对该产品进行评估后，判断它可以：

1. 登记和提报有关应付账款、公司薪资、旅行和娱乐方面尚未轧入的支票。

2. 按照每个州的标准格式打印申报表，可直接寄送到各州政府，不需要任何额外的工作。

3. 维护更新。在美国，每个州对于"无人认领财产法"（Unclaimed Property Law）的规定都不一样，而且每个州都要求你必须熟知并且遵守它的法律法规，否则就会受到处罚。

4. 提供其他的功能。有些州会要求你递交"尽责调查信"（Due

Diligence Letters），而且大部分州都会要求你保留 10 年内的账目记录。这套系统有自动提供"尽责调查信"的功能，能控制和审核各种记录，以便追踪每张未轧入支票的状况，并保留 10 年内的账目记录，以适应法律的要求。记录模块可储存不限时数的电话询问，以及送交州政府的经调查核实的各种项目数据。

你调查过其他软件供应商，也考虑过自行开发一套综合的系统。而选择 APECS ／ PC 产品，25000 美元加上每年 5000 美元的维护费用，已经是成本最低的选择了。

练习：请依照上述内容的指示，建立一个完整的金字塔结构。

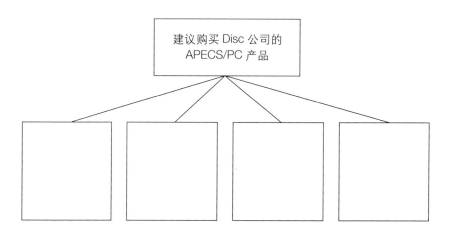

S=

C=

Q=

现场销售会议

请设想一下，你为一家生产非酒精饮料的大型公司工作，直接向业务副总汇报，这家公司名为 Frosted Cola。你设计了一个新的"货架空间管理计划"，以便能够更有效地利用连锁商店的货架空间。这个计划可以帮助 Frosted Cola 公司在那些货架空间占有率低于市场占有率的连锁商店（亦即那些表现不佳的"问题"连锁店）争取到更多的货架空间。

你要和业务副总共同举办一场说明会，向这些问题连锁商店的总部主管解释这个计划。现在你想培训现场的销售人员，以便为 12 个地区的特定问题连锁商店举办相同的说明会。你宣布将在 8 月的现场销售会议上安排这项培训。

你的计划是：

- 现场销售人员要从他们负责的地区找出一家有问题的连锁商店，将其市场占有率／货架空间资料预先送交给你。
- 利用这些数据，你会特别准备适合各个地区的说明会资料。
- 教导销售人员如何进行设计，并在会议上提供说明。
- 销售人员回去后，将把会议上的数据交给该区的连锁商店（经过饮料厂的核准）。
- 然后销售人员会与饮料厂的员工合作研究，提出他们的研究成果，并在其他类似的说明会上向当地主要的连锁商店进行讲解。

现在是 6 月，你刚刚接触到这些事情，要为说明会做好准备，你必须在 8 月 15 日前拿到每家存在问题的连锁商店的资料。业务副总需要一份备忘录，以便向现场销售人员解释如何收集资料。他已经准备好草稿（第 164 页），但你不太确定这份草稿是否足够清楚。

练习

请阅读这份备忘录草稿，分析它的结构，你将发现这份稿件存在以下问题：

- 没有指出（或暗示）任何需要回答的问题。
- 金字塔结构顶端未提出任何论点。
- 在关键句层级列出的是类别，而非思想。

请使用下面提示的步骤构建金字塔结构，然后以平实的文字写出序言。

采用的步骤

规划问题

1. 说明你正在讨论的主题。

2. 确认读者，以及读者心中有关主题的疑问。

3. 请提供答案（如果你知道的话）。

4. 开始撰写背景，写出读者已知的与主题有关的内容。

5. 转换到冲突阶段。背景中发生的哪些事会引发读者的疑问？

6. 还会出现新的疑问吗？

7. 对于新疑问还会有答案吗？

找到关键句

1. 说明答案在读者心中引起的新疑问。

2. 确定是以归纳法还是演绎法回答疑问。

3. 如果用归纳法回答，请找出单一名词。

4. 说明论点，即对新疑问的回答，这构成了关键句要点。

5. 写出完整的序言。

收件人：	日期：
报告人：	主题：8 月 25 日现场销售会议

在准备 8 月 25 日的现场销售会议期间，我们要求每个区域找出一家有问题的连锁商店，并提交相关资料。这样做的目的是在会议最后阶段针对每个区域安排说明会，以便让大家了解"货架空间管理计划"。我们的目的是，利用货架空间研究、市场占有率研究，以及尼尔森调查资料，让现场全部的销售人员熟悉讲解技巧，并在饮料厂的同意下，基于双方的合作关系，推销给各地连锁商店的总部主管人员来实施。

定义问题连锁商店

在推广这个计划的初始阶段，我们暂时不去接洽 A & Ps、Safeways、Albertsons 等世界级的客户，而是先联络各地重要的连锁商店。对于当地的饮料厂来说，总部所在地区的连锁商店是重要客户。例如，田纳西州诺克斯维尔市的 White Stores 拥有 39 家商店，销售额占当地所有商店销售额的 16.6%；位于艾奥瓦州德梅因市的 Dahl's Food Markets 拥有 9 家商店，销售额占当地所有商店销售额的 29.1%；位于华盛顿州斯波坎市的 Rousauers 拥有 29 家商店，销售额占当地所有商店销售额的 20.1%。

这些连锁商店并未遍及全美国，但他们在当地市场中很重要。我们不知道上述连锁商店中有没有存在问题的，但是在我们选择问题连锁商店的时候，这些连锁商店已被我们当作模版。

除此之外，选择连锁商店时应该依照下列标准：

1. 我们分配到的货架空间比率低于市场占有率。

2. 商店的货物并非完全由我们的供货系统提供。

3. 饮料厂已经察觉出有问题的商店，并且愿意协助现场销售人
   员进行必要的调查。

当你选出有问题的商店时，请填写附件表格，并且在 7 月 11
日之前递交给我。

调查的详细资料和指示随附在内

- 与重要的饮料厂合作,在 9～10 家商店进行货架空间的调查。
  如果连锁商店只有少数几家店面（4～8 家），则要把所有
  店面都纳入调查范围之内。
- 从这些商店中选择 3～4 家进行市场占有率的调查。
- 收集尼尔森有关主要市场或特许经营权的调查资料，可能的
  话,还要包括市场占有率和配销渠道的详细数据及缺货情况。
- 获取当地饮料厂在此连锁商店每年的销售量。

这项调查及上述数据必须依照内附的指示简要地加以说明。在
举办过 8 月份的会议后，我们将完成 12 场说明会（每个区域一场），
然后在饮料厂的许可下，再向个别的连锁商店说明。除此之外，饮
料厂的现场销售人员也可以开始进行选择、调查，并且把他们的调
查结果提供给其他主要地区的连锁商店。

S＝要求每个区域提交一家有问题连锁商店的资料。希望能为每个区域各办一场说明会。

C＝希望现场销售人员能够熟悉推销技术，在饮料厂的协助下，向当地连锁商店的总部人员解释。

Q＝

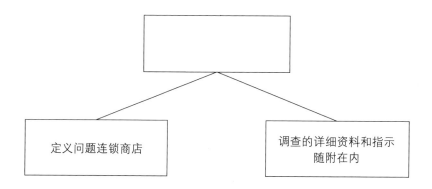

■ 希望当地重要的连锁商店
- 是当地市场的重要商家
- 是饮料厂的重要商家

■ 所选择的连锁商店需满足以下条件
- Frosted Cola占有的货架空间比率低于市场占有率
- 商店货品并非完全由我们的供货系统提供
- 饮料厂也发现了有问题的连锁商店，并且愿意帮忙

■ 在7月11日前递送填好的附件表格

■ 与饮料厂合作，在9～10家商店进行货架空间调查

■ 在3～4家商店进行市场占有率调查

■ 收集尼尔森对主要市场的调查资料

■ 获取饮料厂在连锁商店每年的销售数量

■ 随附的指示中提供了摘要数据说明

■ 将为连锁商店举办12场说明会
- 然后会向当地其他的主要连锁商店说明

练习：构建完整的金字塔结构。

S=

C=

Q=

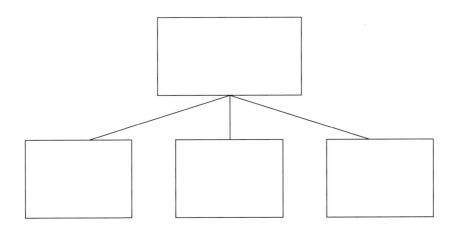

练习：以平实的文字写出完整的序言。

收件人：   日期：

报告人：   主题：8 月 25 日现场销售会议

重要提醒

根据论点而非类别构建金字塔结构

　　如果希望"金字塔原理"能够有效地帮助你完成一篇表达清晰的文章，就必须根据你希望表达的论点来建立结构。许多人会掉入按照类别组织结构的陷阱，下一页的例子就是以该方式撰写的一份文件的开篇部分。请注意，阅读时，你很可能会因为无法很快领会作者的意思而感到厌烦。

　　紧接着，我会给出目前文件的结构，以及改写后的结构。改写过后，内容没有变化，但是对作者想要传达的论点进行了重新组织。你会立刻看出，在表达的清晰程度上，这两个结构的差异。

有关 Elliot Steel 钢铁公司的报告

按照我们的讨论，我在_____ 结束前的两个星期对 Elliot Steel 钢铁公司修订 EDP 的工作进行了审查。在这次审查中，我们调查了以下问题：

- 处理应收账款的应用程序；
- 关于购买新应用程序的计划；
- 目前硬件作业的状况。

在审查期间，我与下述 Elliot Steel 钢铁公司的员工有过合作：

- 约翰·加加林德——主管；
- 比尔·威廉姆森——数据处理部经理；
- 杰里·福尔曼——应收账款部职员。

应收账款

处理应收账款的应用程序是一个用 RPG 撰写的过时软件，目前公司的服务部门仍在使用这款程序。DEC 直接把这个应用程序的代码转换成了 COBOL 语言，以便能够在 DEC 系统上运行，但是保留了原有的基本批次运算和逻辑。这样一来，就需要利用人工交易码才能让程序运行。鉴于这种另类的程序代码用法，这一部分的审查就集中于用户和程序设计师对应用程序的操作与控制上。

应收账款的操作

在每天的订单输入过程中，销售交易和大部分的贷项凭单会从订单输入系统直接输入处理应收账款的应用程序。先由"数据控制"（Data Control）和"数据输入"（Data Entry）逐个对数据进行预处理，然后再由几个控件批次加总处理。任何错误都会先传输到"数据控制"修正，之后再重新输入计算机处理。

费用收据入账和账户调整更复杂，需要更详细的说明。

S = 进行修订 EDP 的审查。

C = 检查了 3 个部分，并和 3 位员工合作。

Q=

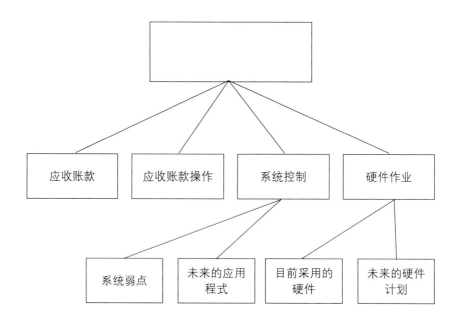

S = Elliot Steel 的新系统已经运行了 6 个月，计划再添购几套系统。

C = 除非现在的运行不顺利，否则不再添购。

Q = EDP 运行顺利吗？

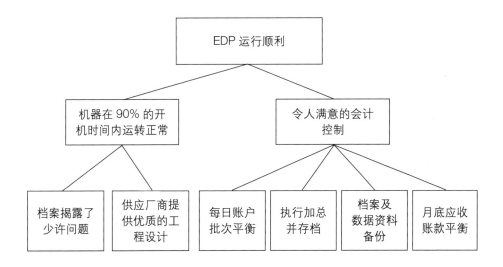

练习 5C

归纳推理与演绎推理

在结束关于构建金字塔结构的讨论之前，有一点要提醒大家注意，在写文章时，要考虑好究竟应选择归纳推理还是演绎推理来组织问题。在写关键句的阶段，推荐大家选择归纳推理，因为以归纳推理展开内容，读者会比较容易接受你的论点。

你必须能够分辨这两种推理方式的区别。要想快速熟悉这项技巧，最好的办法就是多加练习。你可以通过以下例子进行练习。另外，在第 326 ~ 328 页的"附录"中有许多写有各种论点的标签。请剪下标签，贴在金字塔结构中恰当的方框内，然后确认该论证过程是演绎推理还是归纳推理。

解答在本书第 289 ~ 293 页。

归纳推理与演绎推理的比较

相同的信息既可以用演绎推理也可以用归纳推理呈现：

演绎推理

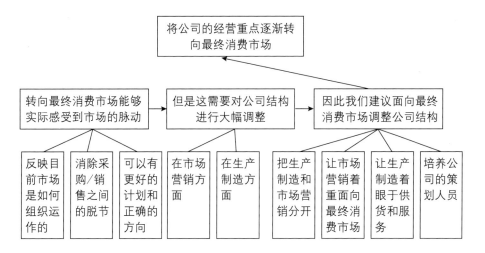

归纳推理

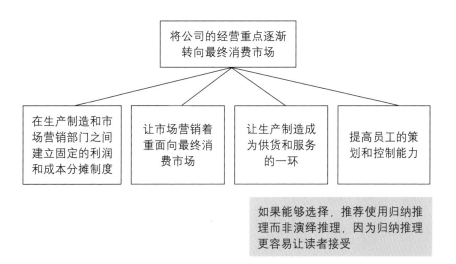

如果能够选择，推荐使用归纳推理而非演绎推理，因为归纳推理更容易让读者接受

练习 5C-1：

请从第 326 页"附录"剪下标签，然后贴到恰当的方框内，同时确认该推论是归纳推理还是演绎推理。

工程师的梦想

在科技日新月异的发展浪潮中，仍然可以找出一以贯之的模型。这种模型在某些方面与物种在演化史中的起伏兴衰颇为类似。在一项科技迅速成长、获得惊人的成功时，规模通常很小、反应速度却很快。当它日渐成熟后，就会变得稳定和保守，庞大规模的惯性使它在面对突然冲击时反应变慢。当科技已经成长到这个阶段时，就无法再跟上变化的浪潮，该退场了。衰亡的过程可能会拖很久，旧的科技也可能在受到保护的角落苟延残喘，但终究无法重获新生。小型的、反应快速的替代性新科技正在虎视眈眈地准备接收老迈科技衰亡后留下的利基空间。在数百万年物种演化的过程中，不断地上演着这一幕，而人类科技变化发展的速度更是快得惊人。

【出处】

Freeman Dyson

Infinite in All Directions

Harper & Row, 1988

☐归纳推理

☐演绎推理

練習 5C-2：

请从第 326 页"附录"剪下标签，然后贴到恰当的方框内，同时确认该推论是归纳推理还是演绎推理。

论美国人的处境

社交衰退对于美国民主制度有着重要影响。为了让警察保护民众，美国支付的社会成本已经大幅超过其他工业化国家。同时，在监狱服刑的人数一直维持在总人口的 1% 以上。美国实际支付的律师费用远超欧洲或日本，民众习惯于上法庭解决争端。仅这两项费用，就在美国的国内生产总值中占有相当可观的比重，就像是因为社会信任崩塌而直接强制征收的税费。未来，这种社交衰退在经济方面的影响将更为深远，美国人在一个广阔、多变的新组织内工作的适应能力将逐渐变差，这是因为多样化降低了彼此的信任感，造成了进一步合作的新障碍。

【出处】

FRANCIS FUKYYAMA

Trust: The Social Virtues & the Creation of Prosperity

The Free Press, 1995

关键句

☐归纳推理

☐归纳推理

较低层级

☐演绎推理

☐演绎推理

练习 5C-3：

请从第 327 页"附录"剪下标签，然后贴到恰当的方框内，同时确认该推论是归纳推理还是演绎推理。

人类权力的来源

在 19 世纪，拥有土地的贵族已失去统治地位，被剥削、压榨工人的资本家取代。统治权的戏剧性转变主要源于决定经济利益的科技的发展变化。在农业时代，土地是决定重要利益的关键因素，那些控制着土地的人（贵族地主）掌握着决定权。到了工业化时代，动力来源（起初是蒸汽机，后来是内燃机或者电气马达）成了决定利益的关键因素。拥有动力来源的资本家成为拥有决定权的人。资本家之所以能取代封建贵族，不是因为意识形态的变化，而是因为科技的发展。

【出处】

LESTER C.THUROW

The 21st Century

World Business, Volume II, 1996, Number 1

☐ 归纳推理

☐ 演绎推理

练习 5C-4 :

请从第 327 页"附录"剪下标签，然后贴到恰当的方框内，同时确认该推论是归纳推理还是演绎推理。

船员的教育

你一定明白，如果没有技术熟练的船员，船只恐怕没什么用，而目前，船员的培养期远远短于两年的学徒受训期，因此他们无法学到全面的航海技术。此外，在这个国家，无论从事何种职业，人们都不想生活在永无止境的极端危险当中，更何况选择做船员这一行的人面临更多危及生命的危险，因此我们迫切需要利用课程和类似的指导，让这些船员能够接受比目前更好的教育。明智的人都会认可这一点。

【出处】

Richard Hakluyt

The Principal Navigations, Voyages, Traffiques and Discoveries of the English Nation

□ 归纳推理

□ 演绎推理

练习 5C-5 :

请从第 327 页"附录"剪下标签，然后贴到恰当的方框内，同时确认该推论是归纳推理还是演绎推理。

爱拼才会赢

虽然乍看之下"先做着，再修改"(do it-fix it) 的方法似乎比较冒险，但它实际上可以增加成功的机会，减少失败的成本。这个方法能让新计划在完全修改好之前就进入试行阶段。架构和测试只需要很少的人力与时间，而且无须投入大量的分析和计划工作。而像原来那样完全修改好再试行，这一分析计划工作需要付出经年累月的努力。在实际实行中，"先做着，再修改"的方法风险很小，因为新系统会与旧系统一起运行，直到新系统完全被证实没有问题。只有在确定新的工作程序和系统比旧系统更有效率之后，才会完全切换过来。

【出处】

Derek L. Dean and Robert E. Dvorak

Do it, Then Fix it, The Power of Prototyping

McKinsey Quarterly, 1995, Number 4

☐ 归纳推理

☐ 演绎推理

练习 5C-6：

请从第 327 页"附录"剪下标签，然后贴到恰当的方框内，同时确认该推论是归纳推理还是演绎推理。

整合科技

要把新科技整合到课堂教学中，并引导学生尽可能每天使用，教师的作用至关重要。但是，有将近 50% 的教师对于计算机知识了解甚少，在把计算机科技整合到课堂教学中时，缺乏必要的训练和支持。学习如何使用计算机只是教师要面临的第一项挑战，当他们利用新工具来提升教学质量时，学到的技巧和经验才是他们获得的真正回报。在培养和提高教师应用科技的能力方面，教育系统提供的支持实在太少了。为了缩小技术方面的差距，一定要为他们提供更多机会，并且向他们强调取得技术认证书的必要性，教师的专业课培训和在职进修计划一定要改进。

【出处】

Ted Meisel et al

World Class: Schools on the Net

McKinsey Quarterly, 1995, Number 4

关键句

☐ 归纳推理

☐ 归纳推理

较低层级

☐ 演绎推理

☐ 演绎推理

练习 5C-7：

请从第 328 页"附录"剪下标签，然后贴到恰当的方框内，同时确认该推论是归纳推理还是演绎推理。

美国经济的衰退

1973 ～ 1993 年，美国经济衰退的原因已经很清楚了。首先，我们无法继续独占庞大而又有效率的市场，以及廉价的自然资源。美国企业及员工第一次遇到来自海外制造商的激烈竞争。其次，因为面临弹性生产与市场的分割，美国传统的大批量生产与配销模式，以及一些可观的优势正在国内市场逐渐消退。这两个因素导致美国的产能利用率降低，以及大量制造商经营成本提高，而这些厂商需要大批量生产才有竞争力。第三，美国企业在面对日益增加的竞争压力和不确定性，以及日渐减少的收益时，明显削减了资本投资。这又造成工作机会的减少和薪资下滑，不但拖累了整体经济的成长，更降低了市场对商品及劳务的需求，影响投资回报率。

【出处】

JEFFREY MADRICK

The End of Affluence: The Causes and Consequences of America's Economic Dilemma

Random House, 1995

- ☐ 归纳推理
- ☐ 演绎推理

练习 5C-8：

请从第 328 页"附录"剪下标签，然后贴到恰当的方框内，同时确认该推论是归纳推理还是演绎推理。

规范和信任

当信息时代最狂热的信徒庆祝社会组织阶层和权威的崩解时，他们忽略了一个关键因素——信任及作为信任基础的道德规范。社区需要互相信任，少了它，社区就难以自发地凝聚。但不是社区内的所有人都会遵守不成文的道德规范。少数人会有严重的反社会倾向，用欺骗或恶意伤人等行为伤害、削弱这个团体。更多的人则想搭便车，只想从团体获得利益，却不愿意为公共事务付出。还由于并非所有人都能够按照内心的道德规范与人相处，并且尽量公平地分担工作，所以组织结构的存在是必要的，让人们不得不接受社会规则的限制。在个人之外，更广泛的社会、经济环境中，情况也类似。大公司都有自己的货源，如果要和不熟悉或不信任的人合作，解除供货或服务合约的代价将会非常高昂。公司发现，把外承包商纳入自己的组织内会比较经济，因为他们可以直接进行监督。

【出处】

FRANCIS FUKUYAMA

Trust: The Social Virtues & the Creation of Prosperity

The Free Press, 1995

☐ 归纳推理

☐ 演绎推理

练习 5C-9：

请从第 328 页"附录"剪下标签，然后贴到恰当的方框内，同时确认该推论是归纳推理还是演绎推理。

干草的发明

对人类生活有深远影响的技术往往都很简单，干草就是一个很好的例子。没有人知道是谁发明了干草，也就是在秋天割下足够多的青草，然后储存起来，以便在整个冬季喂养马和牛。我们现在知道有关加工和储存干草的全部技术，中世纪欧洲的每个村庄也都知道，但是罗马帝国的人并不知道。

干草的发明是一件具有决定性影响的大事，使得城市文明的重心从地中海转移到了北欧和西欧。因为地中海的气候让青草在冬天也能生长良好，足够供牲畜食用，所以罗马帝国并不需要干草，在干草技术发明之前，罗马明显有优势。而在阿尔卑斯山脉以北的地区，冬天没有青草，大城市又依赖马和牛作为动力，没有干草根本无法生活。是干草让人们可以在北欧的森林中生存，使那里的人口得到增长，文明得以发展。因为干草，欧洲文明的重心转移到了巴黎和伦敦，随后是柏林、莫斯科和纽约，取代了罗马的辉煌。

【出处】

FREEMAN DYSON

Infinite in All Directions

Harper & Row, 1988

□ 归纳推理
□ 演绎推理

练习 5C-10：

请从第 328 页"附录"剪下标签，然后贴到适当的方框内，同时确认该推论是归纳推理还是演绎推理。

竞争

激烈的竞争可以极大地促进经济的增长，因为这会迫使企业创新改革、投入更多资源，并且维持低廉价格。但是竞争也可能太过激烈，以至于到最后，弹性生产和消费者对产品需求的增加，都会加大成本支出。

新的弹性生产方法最初能够降低制造成本、提高生产力，但是却会因此丧失一些大规模生产带来的长期经济优势。小批量制造产品的额外成本有所降低，但是并没有消除。一旦达到最初制订的提高生产力的目标，替 10 万个顾客制造 10 种不同的产品仍然比只制造一种产品更贵。

分销和市场营销的情况也是如此。在 20 世纪 80 年代后期，广告商只需要通过 3 种营销网络的广告，就能接触到 90% 的电视观众。而现在，广告商必须使用 6 ～ 10 种不同的营销网络才能达到相同效果。一项研究表明，今天在美国市场推销一件品牌产品的成本已从 1980 年的 25% 提高到 50%。改革生产制造，甚至服务，最初都能快速提高生产力，但是随后提升速度就会越来越慢，难以达到最终目标，在弹性生产和分散市场形成的高度竞争的经济环境中更是如此，早已不像传统由高度标准化量产产品主宰经济时那样容易了。

【出处】

JEFFREY MADRICK

The End of Affluence: The Causes and Consequences of America's Economic Dilemma

Random House, 1995

- [ ] 归纳推理
- [ ] 演绎推理

电玩游戏产业

你就职的公司属于电视娱乐产业。公司老板米尔顿·多林对于该产业中电玩游戏的成长很感兴趣。公司目前并未涉足这一块业务，但有许多电视节目，其中的角色可以为电玩游戏所用。老板正在考虑是否把其中一种或是多种节目开发成电玩游戏。

他知道开发电玩游戏的成本很高（25 万～ 100 万美元），属于高风险行业（产品平均的上架销售期只有 12 个月）。但是由于目前电玩游戏产业的销售额高达 59 亿美元，且在 1999 年预计将达到 103 亿美元，他认为时机已经到来。资深副总裁布鲁斯·威廉姆斯基本同意，但是因为开发成本可能要 100 万美元，他还有些犹豫。

老板米尔顿并不知道开发成本是否需要 100 万美元，或者为什么需要这么多，所以指示你利用下午的时间快速做一个市场调查，了解目前的市场状况，并且把搜集到的资料制作成备忘录，他要和布鲁斯讨论。第 198 页～ 202 页是你搜集的信息，并且已经按照类别整理好。请在阅读后找出备忘录中论点形成的金字塔结构，然后把金字塔结构的内容转换成备忘录。为了让事情更容易一些，我已经把我认为重要的论点标示出来，以便写入文件中，并且把它们放在了第 329 页"附录"的标签中。

你可能会采取以下步骤：

1. 确定米尔顿要求你研究的问题。

2. 研究这些资料，并且确定问题的答案。

3. 得出你将用来解释该答案的大概推理方法。

4. 建立金字塔结构：

    a. 找出 S-C-Q；

    b. 从"附录"中剪下标签，然后组织出答案、关键句和下一
       层次的支持论点。

5. 查看第 294 页的建议结构, 并注意如何把它转变成书面文件。

产业现状

　　硬件制造商：任天堂、Sega、索尼、飞利浦、3DO

　　软件制造商：上述硬件制造商，加上许多其他小公司

　　产品平均寿命：12 个月

　　制造成本：25 万～ 100 万美元

　　产品价格：29.95 美元和 69.95 美元

销售年份（年份）	销售数量（套）	销售金额：美元
1993	88000000	44 亿
1995	118000000	59 亿
1999	206000000	103 亿

目标顾客群

　　目前主要的目标市场是 12 ～ 18 岁的男孩，即电玩游戏的"中坚玩家"，他们最喜欢 16 位格式的游戏卡带。

4 ～ 12 岁的男孩／女孩	占市场份额的 30%
12 ～ 18 岁的男孩	占市场份额的 55%
18 岁以上的男性	占市场份额的 15%

　　游戏玩家喜欢冒险性强的游戏与角色扮演类游戏，**希望玩有挑战性的过关游戏，还希望拥有高清画质。**12 ～ 18 岁的男孩喜欢画面有吸引力的游戏，绝不会接受劣质的游戏画面。电玩游戏要想受

到客户欢迎，必须拥有吸引人的故事情节、高清动画和高度的互动性。产品的质量和设计都必须是一流的。

无论目标市场定位如何，**每款游戏都必须要有趣味性、挑战性和娱乐性，才会受到欢迎**。这是为了照顾到较年长的顾客群。CD格式的卡带比较适合中坚的游戏玩家。优良的画质和游戏价值有利于培养出年龄较大一些的顾客群。

小孩子们都喜欢玩最畅销的"马里奥兄弟"系列，但他们也常常会接收家里大孩子玩过的、版本较旧的8位格式游戏。这让8位格式游戏持续成为重要的收入平台。不管是男性还是女性，年纪稍小还是年纪稍大的人，都很喜欢掌上游戏。这类动作和协调训练游戏仍销售良好。

不能只开发以"现有"内容为基础的游戏。很少有一种单一的娱乐形式（如电影或电视节目）能像游戏这么成功。但是很少有人知道如何制作游戏。游戏其实是靠流行的艺术表现方式和大量人工制作的动画。在许多与电影《侏罗纪公园》有关的电玩游戏中，只有Sega推出的一款游戏获得了成功，其他的游戏都失败了。反过来，"马里奥兄弟"系列游戏也无法改编成电影。

市场对于我们公司现有的游戏角色或故事情节的认可度不高，如果不配合大量的文字说明信息，产品的"游戏性"还会打折扣。所以**必须开发一款全新的产品**。

技术平台

科技会继续发展。过去的技术平台相对不那么复杂：就是8位、16位和掌上游戏机。现在一般转换成32位和64位游戏机，产业会依照微处理器的进步来调整。

格式	价格（美元）	1996 年预估销售额（美元）	使用者
16 位	69.95	15 亿	12 ～ 18 岁的男孩
8 位	39.95	19 亿	接收大孩子玩过的游戏的小孩子
掌上游戏机	39.95	31 亿	广泛的顾客群

但是任天堂、Sega、索尼和飞利浦推出了最新的设计，为游戏卡带加上光盘（CD）功能。**CD 格式将是未来的潮流**，因为：

- 内存容量增加可以保证高质量的画面、音效，而且游戏的时间长度和质量远优于游戏卡带。
- 制造成本低于游戏卡带。
- 很容易移植到各种不同的系统，帮助分摊高昂的开发成本，降低零售价格。

游戏机的硬件规格无法安装 CD 格式的游戏，而且大规模的制造业厂商尚不能降低装置的成本。CD 很明显是未来的产品。目前市场需求的是最高质量的"尖端"科技游戏，而且也希望能够尽可能地把游戏移植到更多系统，以赚取最多利润。**毫无疑问，我们必须采用这个技术密集的格式。**

开发高级 CD 游戏软件和硬件，成本非常高昂。这需要复杂的程序设计。执行游戏的软件程序代码必须经过仔细建构，要简洁、执行速度快，让游戏者有良好的体验。程序设计、图形设计和动画制作要在 Silicon Graphics 计算机上进行（每套成本 25000 美元）。开发小组的每位成员都需要一套这样的设备。

开发程序

开发工作必须投入必要的资源，比如人才资源。虽然开发期间偶尔会出现一些快捷方式，但是在今天，开发的过程仍是创造力密集型。没有所谓的"成功模式"，电玩游戏就像剧情影片一样无法预测，**但是基本上都需要小规模、高技能的团队**。有些集合几个大规模团队的公司，最后却损失惨重，他们以为选用大规模的开发团队可以更快地开发出产品，但结果正好相反。所有的杠杆效应都要争取到优秀人才才能实现。

核心的游戏开发小组必须由优秀的游戏软件程序设计师、杰出的图形设计师和电玩游戏设计师组成。**需要这 3 类设计师的技术才可以做出优秀的游戏**。设计／开发程序是不断重复的工作，筹建优秀的开发小组可能很昂贵（有时候还很耗时）。

必须聘请了解如何设计成功游戏的最佳人选，才能够设计出面向未来的游戏。最重要的是，要设计出能够长期销售／系列推出的游戏，这样才可以尽最大可能增加游戏销量，保护我们的特许权和销售资格。

目前，真正优秀的，能设计出高级游戏的设计师并不多。要找到有产品开发经验的一流设计师很困难。这些为数不多的优秀设计师的月薪是 15000 美元。一般的开发项目大约需要花费 48 ～ 72 个月。所以设计师的总成本就可能高达每年 11 万～ 20 万美元。

"最重要的策略"是要确保将经费用于初期投资。要在开始进行制造之前完成早期的原型设计，之后再进一步确定设计细节。如果要进行耗资巨大的改变或补救，最好停下来。在初期多花点时间设计，虽然费用较高，但是可以避免以后支付更高的费用，这一点很重要。

练习 5D：

请阅读前面的信息，找出下述金字塔结构中的背景—冲突—疑问及关键句，并从"附录"剪下相应的标签，贴到适当的方框内，然后尝试写出序言。

电玩游戏产业

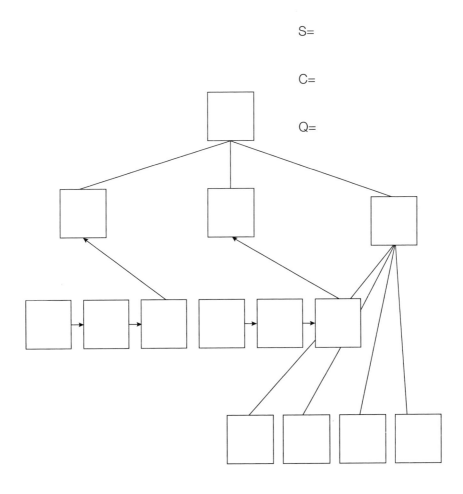

S=

C=

Q=

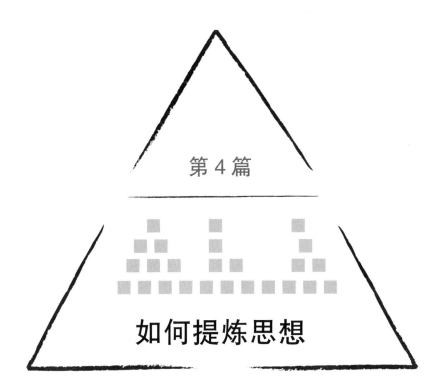

第 4 篇

如何提炼思想

练习 6

严格检查每组思想

构建好金字塔结构，并写好第一份草稿之后，你需要对分类收集的各种基础层级的思想进行严格检查。通常，你可能只是列出了大致相似的一系列思想（如原因、问题、议题），而不是把思想集合在一起，进行分类、提炼和总结。

严格检查每组思想：

- 每组思想必须具有某种逻辑顺序，而且没有遗漏任何思想。
- 上一层次的思想是对下一层次思想的概括、提炼和总结。

如果采用的是演绎推理法，一般来说，在安排顺序和进行总结时不会有问题。在演绎推理中，第二个论点通常是对第一个论点的评论，而第三个论点则由同时存在的前两个论点推出。此时若要总结，只需要把最后一个论点放在上一层作为结论，然后用"因为……"概括其他论点。

但是，如果采用的是归纳推理法，若没有总结性的论点，论证就不完整了。的确，我们的思维习惯就是要以总结来收尾。总结工作很复杂，因为根据推论方式，你可以有 3 种安排论点逻辑顺序的方法；依据论点的类型，又有两种可行的总结方法。

下面的练习可以让你进行充分的演练。请找出进行归纳分类时的基本顺序，并对每个练习所表达的思想进行分析。

时间顺序　　确定前因后果关系

步骤结构

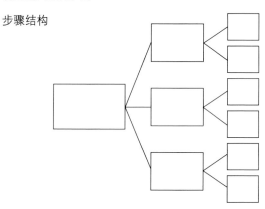

结构顺序　　将整体分割为部分，或将部分组成整体

空间结构

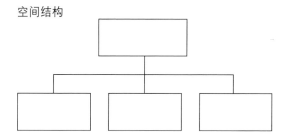

程度顺序　　将类似事物按重要性归为一组

重要性结构

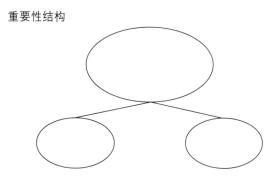

练习 6A

确认逻辑顺序

按照《金字塔原理》第 6 章的说明，我们只能用以下 3 种方法安排归纳的论点，每个方法都代表一种逻辑顺序：

- 确定前因后果关系……………………………………**时间顺序**
- 将整体分割为部分或将部分组成整体………………**结构顺序**
- 将类似事务按重要性归为一组………………………**程度顺序**

请确认第 210 ~ 211 页的各组思想所遵从的逻辑顺序。

解答在本书第 299 ~ 300 页。

练习：请确认每组思想中的逻辑顺序。

练习 6A-1：为了预测市场的变化，我们需要：

划分市场区域。　　　　　　　　　　　　　　□时间

评估在每个市场区域中的竞争地位。　　　　　□结构

定期追踪该区域的变化情况。　　　　　　　　□程度

练习 6A-2：因为内部缺乏效率，造成计算机销售安装数量下降：

产品供应不足。　　　　　　　　　　　　　　□时间

落后的市场营销计划。　　　　　　　　　　　□结构

无法提供软件支持。　　　　　　　　　　　　□程度

练习 6A-3：我们可以消除纸板厂运营方面的损失：

找到更便宜的废纸供应来源。　　　　　　　　□时间

降低纸板产品的成本。　　　　　　　　　　　□结构

关闭一家硬纸箱工厂。　　　　　　　　　　　□程度

练习 6A-4：电话公司账务系统的设计必须满足各种客户的需求：

符合外界客户的需要。　　　　　　　　　　　□时间

满足内部管理的要求。　　　　　　　　　　　□结构

遵守外界管理法规的规定。　　　　　　　　　□程度

练习 6A-5：我们需要判断是否由公司内部来管理运费：

如果由公司内部管理，则需建立成本结构的模型。　□时间

判断由外部管理在成本、服务上的差异。　　　□结构

用文字说明这些差异。　　　　　　　　　　　□程度

练习 6A-6：你还不需要考虑争取供应厂商的策略：

你的仓库不够大，地点也不理想。　　　　　　　　　　　　☐时间

即使仓库够大且位置好，也要考虑管理费用番倍的问题。　☐结构

即使你能接受双倍的管理费，节省的管理费可能也不多。　☐程度

练习 6B

找出基础结构

任何一组思想必须符合 3 种顺序（时间、结构或程度）之一，了解了这一点之后，你便可以在每一组思想中找出逻辑顺序。如果无法在分好组的思想中找出任何一种顺序，这就表示你必须重新考虑你想要表达的内容。

对思想进行归类分组，一般有 5 个步骤。

1. 说明每一个思想的本质。
2. 把类似的思想归入同一组：
   • 如果是描述性思想，则按照共同点分类；
   • 如果是行动性思想，则按照行动后获得的结果分类。
3. 确认分组的来源。
4. 按照逻辑顺序排序。
5. 选取重点。

最基本的技巧就是确认作为分组来源的基础结构。在后续的例子中，我将说明每个思想的本质。同时，本书第 329 ～ 330 页"附录"还列出了一系列组成基础结构的思想。对于每个分组，请选择适当的结构，并且在方框下给每个论点注明编号。

解答在本书第 301 ～ 308 页。

专业零售商

论点描述

专业零售商拥有许多特定的竞争优势，只有部分传统供货商或大卖场可以与之竞争：

1. 零售商店的必要零配件库存充足，可以满足所有顾客的需要。

2. 训练有素的销售人员可以帮助顾客理清需要，然后向顾客推销他们所需要或与他们相关的产品。

3. 连锁商店设在当地主要商区，拥有统一的店面配置、产品搭配、商品价格和店员服务水平。

4. 产品价格有吸引力。可以直接从制造商处集中大量采购，折扣力度大。

5. 针对目标顾客群策划媒体营销活动。

论点本质

1. 更多的库存。

2. 更优秀的销售人员。

3. 更好的店面位置。

4. 更优惠的价格。

5. 更好的广告效果。

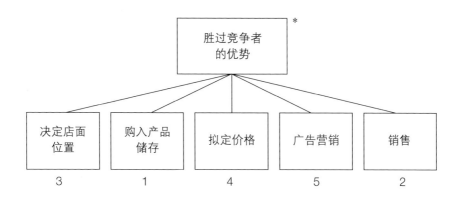

* 请参考第 301 页新的分组方式。

按逻辑顺序组织思想的优点是，能够轻松检查出是否遗漏了相关的思想。在这个例子中，并没有提及有关营销的事情（例如，如何以吸引顾客的方式陈列商品）。读者在检查这些论点时可能会提出疑问，是否有论点被有意忽略，或者编写者忘记加入。

这个例子中有 5 个论点。看完下面几个例子之后，你将会惊奇地发现，无论叙述部分有多长，通常都只需要 3 个或 4 个主要论点就可以清楚总结。这也反映了两个问题，一个是作者容易用不同的文字重复提出文中已存在的思想，另外就是作者不愿意区分思想的抽象层次。我们注意到，在商业文件中，大部分论点的分类都是以行动为导向的，并由此构建出基础结构。

练习 6B-2：

请从第 329 页"附录"剪下标签，然后贴入恰当的方框中，并把每个论点的编号写在正确的方框下方。

新的经营模式

论点描述

公司要能继续经营并获得成功，必须做到以下几点：

1. 要能和顾客成功互动。

2. 预测并且满足顾客的需要。

3. 维持有生产力的工作环境。

4. 预测并且回应员工的需要。

5. 创造最佳绩效和创新成果。

6. 支持高效率的学习。

7. 促进持续学习和发展。

8. 面对连续变动时，要有更多弹性和承受变动的能力。

论点本质

1. 与顾客互动。

2. 满足顾客的需要。

3. 维持有生产力的工作环境。

4. 满足员工的需要。

5. 提倡创新。

6. 支持学习。

7. 促进学习。

8. 回应变动。

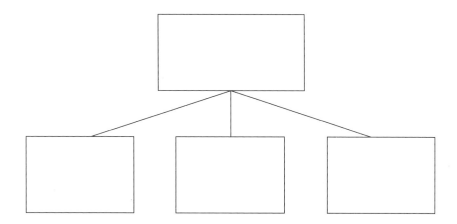

练习 6B-3：

请从第 329 页"附录"剪下标签，然后贴入恰当的方框中，并把每个论点的编号写在正确的方框下方。

项目计划超支的合理阐述

论点描述

我们认为费用将会超出预算，原因如下：

1. 计划小组尝试满足 Horizon 系统（销售／市场营销和管理）的两个独特要求。这样将会产生一个按照客户要求完成的复杂设计。按客户要求设计的系统所需费用一般都会超过预算。

2. 由于不断增加的内容，企业经营模式越来越繁复，但是因为下述原因很难统一管理：

   • 各地的殡仪馆和墓园经营方式可能有所不同；

   • 各地分公司的经营可以独立于公司的管理之外；

   • 信息收集和记录的时间可以改变。

3. 预估的整体费用显然太少。从基本资料中可以看出，每个工作站的成本在 3 万～ 5 万美元之间，而不是 Horizon 建议的每个工作站 1.3 万美元。

4. 计划小组想尽量扩充目前所采用的技术的功能，但复杂的设计又需要相对新的技术。这种复杂性可能会增加超支风险。

5. 对于 Horizon 系统的支持和维护，预估费用似乎并不准确。各地使用者需要众多的服务项目和训练课程。

论点本质

1. 需要配合客户要求完成复杂设计。

2. 企业经营模式繁复，很难统一管理。

3. 整体成本估计在 3 万～ 5 万美元，而不是 1.3 万美元。

4. 复杂设计需要新的技术。

5. 需要更多的支持和维护。

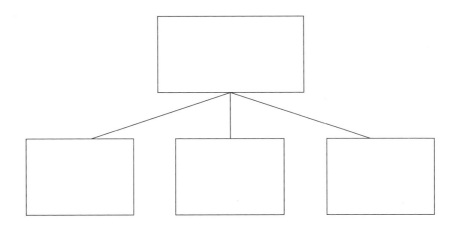

练习 6B-4：

请从第 329 页"附录"剪下标签，然后贴入恰当的方框中，并把每个论点的编号写在正确的方框下方。

尖端信息系统

论点描述

尖端信息系统的开发工作不但费用高昂，而且有着极高的风险。经常发生的问题包括：

1. 投资额高且无法确定合理的成本。

2. 成本／时间超支。

3. 无法遵守管理上的承诺。

4. 未能达成预期的收益。

5. 不切实际的流程表。

6. 未能进行需要的教育和培训。

要想取得成功，最重要的是要避免：

7. 计划时间过于仓促。

8. 强调技术上的解决方案，而忘了着眼于企业未来的需求。

9. 缺乏足够的信心。

论点本质

1. 收益和成本无法达到平衡。

2. 成本／时间超支。

3. 管理层失去兴趣。

4. 无法获得收益。

5. 未能计划好时间。

6. 未能训练培育人才。

7. 未能计划好时间。

8. 生产未能适应市场所需。

9. 生产未能适应市场所需。

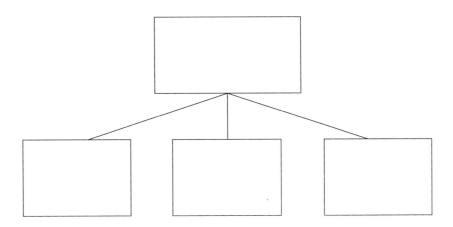

请从第 330 页"附录"剪下标签，然后贴入恰当的方框中，并把每个论点的编号写在正确的方框下方。

商机的评估

论点描述

通过"商机评估"，公司可以对所要采取的策略做出明智的决策。

1. 让公司做出明智的交易决策。

2. 确认有限的资源必须优先集中运用在哪些策略上。

3. 确认公司必须准备自行处理的问题范围。

4. 建立一种机制，使得公司的所有运作都能与将要采取的策略保持一致。

5. 建立一种架构，对于特定客户在年度计划执行中的需求或计划变更，能够快速评估其合理性。

6. "商机评估"应提供制定正确策略所需要的信息。

7. 确定公司各部门在向客户说明哪些能做、哪些不能做及其原因上有相同的认知。

论点本质

1. 权衡交易。

2. 设定优先级。

3. 确认需要处理的问题。

4. 取得协作。

5. 评估特定客户的需求／计划变更。

6. 制定多功能性的策略。

7. 确定获得协议。

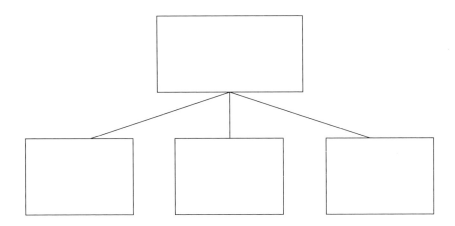

请从第 330 页"附录"剪下标签，然后贴入恰当的方框中，并把每个论点的编号写在正确的方框下方。

市场调查的目标

论点描述

东方电信公司想要确认销售无线通信软件到发展中国家是否是一个商机。

我们的目标是要判断：

1. 不同市场区域的特性。

2. 目前供货商的价格水平和市场营销策略。

3. 供货商对潜在客户的定位。

4. 不同市场区域的购买行为。

5. 供货商所采用的销售和配销渠道。

6. 买方的技术要求。

7. 供货商使用的技术。

8. 确认有关定制和专业技术支持的议题。

9. 每一个应用领域的年度经费计划。

论点本质

1. 谁是这个市场中的买方？

2. 供货商如何销售产品？

3. 谁供货给谁？

4. 谁买了什么？

5. 供货商如何销售产品?

6. 买方希望采购哪些产品?

7. 供货商如何销售产品?

8. 买方希望采购哪些产品?

9. 采购量有多少?

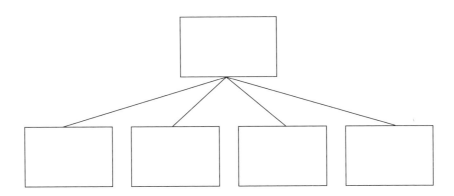

请从第 330 页 "附录" 剪下标签，然后贴入恰当的方框中，并把每个论点的编号写在正确的方框下方。

生产力计划的架构

论点描述

你提到你的策略性规划将是客户的 "首要选择"，能够为客户提供可与投资银行相媲美的整合服务。这意味着：

1. 强大的跨产品整合客户关系的管理能力，特别是在策划投资、企业融资、结构化和特殊化财务安排、基金、资本市场和股票市场方面。

2. 通过跨产品的销售及全球化的产品供应范围，能够获得极佳的收益。

3. 持续开发那些由结构化与专业化财务融资发展而来的创新和定制产品。

4. 通过市场定位和推出新产品来支持选择的资本市场。

5. 能够提供给客户全球统一的高质量产品。

6. 运营结构、程序和系统能完全支持以顾客为导向的经营模式。

7. 用强大的财务与信息管理能力来控制和管理企业，并且将资源配置到企业中最适当的领域。

8. 企业所有部门都能支持以顾客为导向的企业文化。

9. 强调个人对顾客的服务意识。

论点本质

1. 强大的客户关系管理能力。

2a. 跨产品的销售。

2b. 全球化的产品供应范围。

3. 创新的产品。

4. 市场定位和新产品。

5. 产品供应。

6. 健全的支持架构。

7. 强大的管理控制能力。

8. 企业以顾客为导向。

9. 个人对顾客的服务意识。

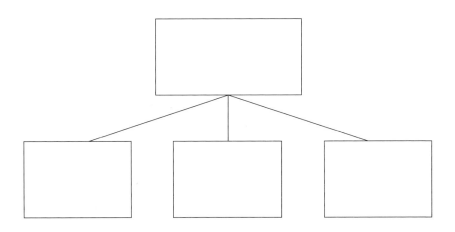

练习 6B-8 ：

请从第 330 页"附录"剪下标签，然后贴入恰当的方框中，并把每个论点的编号写在正确的方框下方。

直销成功的关键

论点描述

1. 凭借高认知度的品牌及（或）完整的产品线，提高使用者的忠诚度。

   ▲如果有效的话，也可以只使用产品广告传单——但要选择恰当的品牌。

2. 制作有针对性的广告传单，明确其在营销中的角色，以及搭配的架构／系统。

   ▲这不是仅此一次的宣传活动！

3. 对于目标消费群体和市场的状况，要随时更新认知。

   ▲这并不是针对少数人做的大规模策划案！

4. 根据不同的市场区域，制订不同的策划案。

   ▲针对不同的消费群体制订策划案，以达到预期的消费行为。

5. 着重整合有附加价值的信息、宣传品牌。

   ▲不要随意做品牌广告！

6. 建立的数据库拥有足够多的信息、足够好的数据质量，以及高效的结构、系统和存取程序。

7. 开发具有影响力又能节省成本的传播方式。

8. 进行可行的背景分析。

   ▲应该把广告传单视为"循环操作"的一部分，从成果出发细微调整规划目的、销售目标及资金安排。

论点本质

1. 只使用高认知度的品牌进行推销。

2. 制作有针对性的广告传单，明确传单在营销中的角色。

3. 只用于目标消费群体。

4. 依据消费者行为，对不同的消费群体采取不同的态度。

5. 整合有附加价值的信息、宣传品牌。

6. 建立优质数据库。

7. 发展良好的传播方式。

8. 进行可行的背景分析。

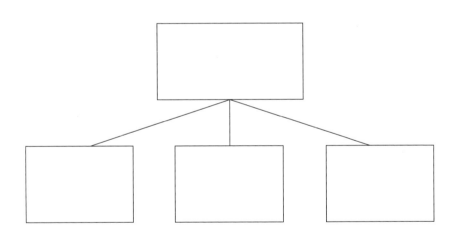

练习 6C

说明采取行动后取得的结果

如同我们已经讨论过的，大部分归纳推理都包含 3 组或 4 组思想。确认分组之后，下一个步骤就是要确定位于金字塔结构顶端的思想是对下面各层级思想的提炼和总结。各组中的思想既可以是行动性思想（步骤、改革、建议、目标），也可以是描述性思想（问题、原因、危险）。

在总结概括行动性思想时，应该说明采取这些行动的直接后果；而在总结概括描述性思想时，则要依据思想之间结构上的共性得出推论。

行动性思想是由上一级步骤和次级步骤组成的层级结构，彼此之间是因果关系。如同先前的说明，许多作者容易忽略层级结构，只是按照行动发生的顺序进行排列，或者按照标题（如目标、范围、方法、报告）将行动性思想分组，形成一种虚假的层级结构。

这两种方法不仅妨碍沟通，也会使作者无法清楚了解自己的最终想法。因为缺乏清晰的了解，作者也就无法继续创作。

请阅读并思考下面的内容：

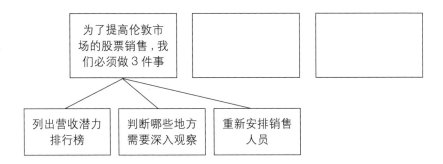

位于最上层的思想是一种空洞的主张，它并未说明采取下方列出的行动之后可以获得的结果。同时，因为它没有什么实质性的内容，所以无法引发进一步的思考。进一步的思考只会以两种方式进行：对于刚得出的论点加以总结（演绎推理），或者另外做出类似形式的论述（归纳推理）。在此我们不进行任何推理。

如果你能说明采取这些行动能取得的结果，就可以看出上下文两种主张在引发进一步思考上的差别：

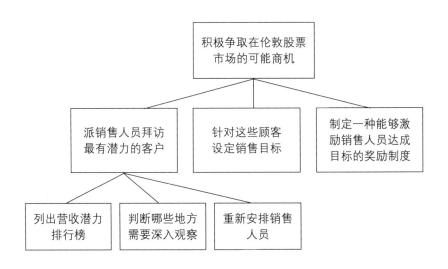

这时，你可以轻易了解"提高股票销售"需要采取的进一步措施。一旦确定要采取哪些步骤，你就可以说明所有行动的实际结果（可能是"积极掌握伦敦股票市场的可能商机"）。现在你可以严格检视这3个步骤，并且判断它们是不是掌握商机所需要采取的所有步骤。

确定因果关系的窍门就是，要确定你已经尽可能说明每项行动，以便掌握结果。唯有如此，你才可以判断某个行动是否必须在另一个行动之前执行，还是为了完成另一个行动而执行。

通过以下的练习，你可以学会如何确定行动性思想中的因果关系架构。在每个例子中，你要做的就是确定在空白方框中应贴上哪些论点标签。

下面这些例子忽略了因果关系：

下面的两个例子只是按照类别标题加以分类，产生了虚假的层级结构：

解答在本书第 309 ~ 316 页。

练习 6C-1：

请从第 330 页"附录"剪下标签，然后贴入恰当的方框中，并把每个论点的编号写在正确的方框下方。

基金平台运营计划

论点描述

目标

1. 加倍注意维护与目标顾客的关系。

2. 维持具有竞争力的产品报价。

3. 提高目标家庭采购金额的占有率。

4. 提高顾客认为我们是其首选金融服务商的可能性。

5. 维持使用基金平台运营计划新家庭的市场占有率。

6. 提高交易、基本查询的自动化程度以提高收益。

论点本质

1. 提高注意力。

2. 提供更好的产品。

3. 销售更多的产品。

4. 销售更多的产品。

5. 销售更多的产品。

6. 实现自动化以降低成本。

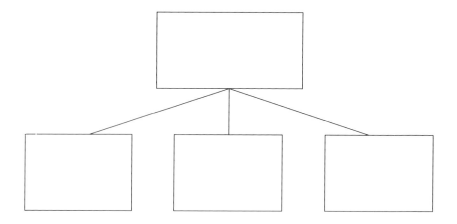

练习 6C-2：

请从第 331 页"附录"剪下标签，然后贴入恰当的方框中，并把每个论点的编号写在正确的方框下方。

第一阶段的步骤

论点描述

在第一阶段，将会进行下列几个步骤：

1. 与重要的管理人员和监督人员进行洽谈。

2. 记录交易业务和工作流程。

3. 确认所有关键性的功能。

4. 分析组织架构。

5. 了解服务和绩效评比措施。

6. 评估企业运营的绩效水平。

7. 理清问题和原因。

8. 确认并提倡提高生产力的可行方法。

论点本质

1. 从洽谈中得出实情。

2. 从工作中得出实情。

3. 确认关键性功能。

4. 指出组织的问题。

5. 发现有关服务的问题。

6. 指出企业运营的问题。

7. 理清问题或原因。

8. 指出改善的方法。

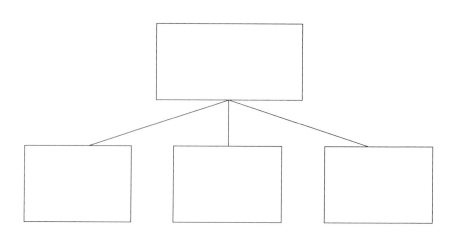

请从第 331 页"附录"剪下标签，然后贴入恰当的方框中，并把每个论点的编号写在正确的方框下方。

关乎质量，不可妥协

论点描述

为了满足客户的需要，任何有关质量的事，都必须优先顾及：

1. 了解谁是我们的客户。

2. 预估、了解和超出客户期望的质量。

3. 确定我们的供货商了解并能超出我们对质量的要求。

4. 适当安排客户和供货商参与我们的工作。

5. 确定且负责信息及解决方案的整合工作。

6. 采取"第一次就把工作做好"的态度。

7. 取得和维持应有的技术水准。

论点本质

1. 界定客户。

2a. 判断客户的期望。

2b. 超出客户的期望。

3. 确定供货商能够超出我们的要求。

4. 安排客户／供货商参与工作。

5. 负责提供解决方案。

6. 第一次就把工作做好。

7. 提供可靠的技术支持。

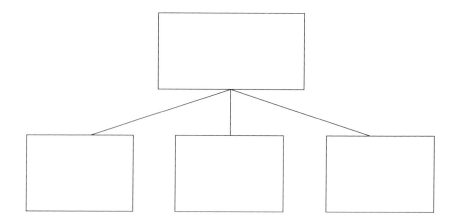

练习 6C-4：

请从第 331 页"附录"剪下标签，然后贴入恰当的方框中，并把每个论点的编号写在正确的方框下方。

扩大 GR 的企业规模

论点描述

为了帮助 GR 判断该如何提高利润、扩展业务，我们提出了简单可行的方法：

1. GR 公司迄今为止的目标、改革措施，以及经营范围。

2. 按照市场区域对公司业务进行分类。

3. 和其他组织合作的活动或资源运用。

4. 有关 GR 公司在市场营销、领导地位、投标和订单方面的历史统计数据。

5. 企业主要市场区域的市场增长率、成长潜力，以及影响这些项目的因素。

6. 技术的角色及其重要性。

7. 市场竞争的基础（如价格、交货、服务、绩效保证、特殊技术及融资配套计划等）。

8. 市场竞争的结构和强度。

9. GR 公司过去的策略及其主要竞争者。

10. 公司对未来的计划。

论点本质

1. 确定公司的目标和运营范围。

2. 如何区分公司业务。

3. 确认如何与其他业务合作。

4. 评估过去的销售统计资料。

5. 指出影响企业成长的因素。

6. 判断技术所扮演的角色。

7. 判断竞争的基础。

8. 判断竞争的结构。

9a. 评估 GR 公司过去的策略。

9b. 评估过去的竞争策略。

10. 审视未来的计划。

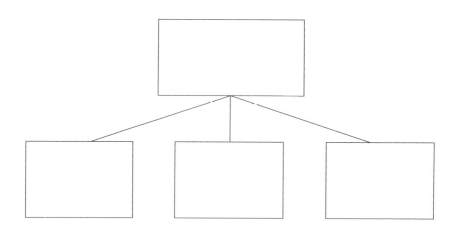

练习 6C-5：

请从第 331 页"附录"剪下标签，然后贴入恰当的方框中，并把每个论点的编号写在正确的方框下方。

公司重组的指导原则

论点描述

公司的组织结构应该能够：

1. 明确董事长以下的所有员工应该负责实现的利润额度。

2. 有助于维持收益率，以及减少运营费用。

3. 明确公司每个层级中（由最资深的员工开始）的每个人的工作内容，这样才能清楚划分绩效、让每个人理解并且担负起自己的责任。

4. 以经济的方式使用公司资源（人员、专业技术、硬件和资金），避免不必要的重复和浪费。

5. 公司的燃气涡轮机依据通用技术和相似硬件进行设计，如此才能充分利用公司共通化、合理化的设计。

6. 为资深员工提供拓展工作经验的机会。

论点本质

1. 明确董事长以下的所有员工的利润责任额度。

2. 注重如何获取高利润、降低成本。

3. 明确每个人的工作内容。

4. 经济地分配资源。

5. 产品采用共通化、合理化的设计。

6. 提供机会，丰富员工的工作经验。

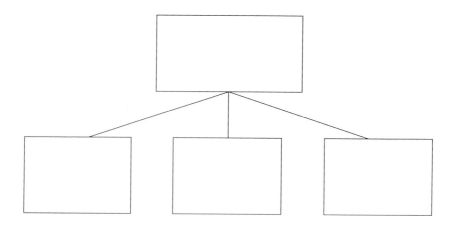

练习 6C-6：

请从第 331 页"附录"剪下标签，然后贴入恰当的方框中，并把每个论点的编号写在正确的方框下方。

医疗辅助市场

论点描述

目标

确定公司在医疗辅助市场所能提供的产品和服务商机。

范围

在达成目标的过程中，我们将提供下列几项信息：

1. 关于公司能够广泛经营的医疗辅助市场的定义。

2. 建议选择的"医疗辅助"市场区域，并且明确定位客户。

3. 预估客户在每个市场区域采购的医疗产品的总金额。

4. 列出客户在每个市场区域购买的产品类别。

5. 客户在每个市场区域购买各类别产品的金额。

6. 预估每个市场区域中的主要产品类别的预期增长率。

7. 每个市场区域的采购方式（如直销、通过医疗器材经销商销售等）。

8. 目前公司产品在主要市场区域的占有率。

9. 对于目前并非由公司提供的产品和服务，预估其未来的销售商机。

10. 制定选择主要经销商的标准。

11. 在每个"医疗辅助"市场区域的采购行为，供应商的选择标准。

论点本质

1. 定义相关的医疗辅助领域。

2a. 确认市场区域。

2b. 明确谁是客户。

3. 预估每个市场区域的采购金额。

4. 列出客户购买的产品类别。

5. 预估市场采购金额。

6. 预估主要产品类别的增长率。

7. 判断每个市场区域中的采购方式。

8. 确认我们的产品在每个市场区域的占有率。

9. 确认销售产品／服务的未来商机。

10. 制定经销商的标准。

11. 确定供应商的选择标准。

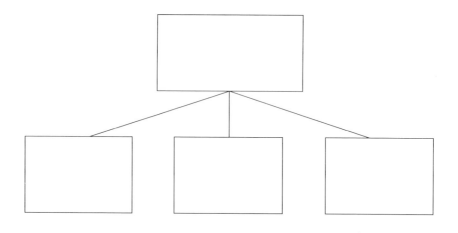

练习 6C-7：

请从第 332 页"附录"剪下标签，然后贴入恰当的方框中，并把每个论点的编号写在正确的方框下方。

21 世纪的物流服务供应

论点描述

目标和优势

这项研究指出了英国物流业目前的状况，以及调查公司所要面对的趋势与挑战。

这份调查的主要目标包括：

1. 确认物流服务供应商将要面对的主要问题。

2. 确认在未来 10 年可能兴起的主要物流趋势。

3. 判断物流服务供应商竞争优势的主要来源。

4. 制定有关物流服务供应商能力的评定标准。

5. 提供未来研究和过去记录的比较基础。

范围

6. 说明全球新兴的趋势和最有前景的业务，并且加以分析、给出报告，指出在物流市场中所有世界级供应商需要采取的措施。

给出报告

最后的报告将以调查问卷的形式呈现，内容包括下列几项：

7. 物流服务供货商要面对的主要问题。

8. 未来 10 年物流服务最有前景的业务和商业趋势。

9. 不同类型服务供货商的比较标准。例如，唯一模式相对于复合模式、物流业相对于运输业。

10. 有关各种运营市场的数据和结论。

论点本质

1. 确认问题。

2. 确认主要趋势。

3. 判断竞争优势的来源。

4. 制定对业务能力的评定标准。

5. 提供未来研究和过去记录的比较基础。

6. 指出所有从业者需要采取的措施。

7. 主要问题。

8a. 最有前景的业务。

8b. 商业趋势。

9. 不同类型服务供货商的比较标准。

10. 数据／结论。

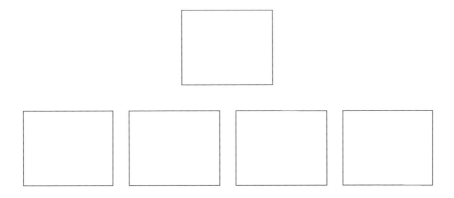

练习 6C-8：

请从第 332 页"附录"剪下标签，然后贴入恰当的方框中，并把每个论点的编号写在正确的方框下方。

BT 航空的运营计划

论点描述

1. 争取新的和潜在的卫星通信大客户，以扩大客户范围。

   • 目前并未使用卫星通信服务的客户。

   • 已经和 BT 公司的竞争者签约的航空公司，可能会因为下述原因转换合作对象：

     - 尖端的创新科技；

     - 涵盖全球的运营网络；

     - 丰富的营销经验。

2. 确认重点销售区域、营销过程和提升绩效的措施。

3. 确保最具竞争力的价格信息能够传达给重要的潜在客户。

4. 成功留住现有客户。

5. 在开发新的产品和服务项目上取得反馈。

6. 以最经济的方式使用资金和人力资源。

议题

7. 组织构架并未完全安排就绪，目前需要处理组织上的问题，并且找出快速争取新客户的方法。

8. BT 公司被视为一般的电信供货商，而非航空业的供货商，无法和现有的业者竞争。

9. 随时保持与客户公司的密切接触，接洽董事会中的主要决策者，保持 BT 公司的竞争力。

10. 客户可能无法认同 BT 公司的产品数据具有竞争力。在竞争对手提供不同规格的产品时，BT 公司显得缺乏竞争力，也让产品开发的工作更加昂贵／无效率。

11. 已经成功获取客户需求，进一步加强与客户的沟通，尤其是新客户。

需求

因此 BT 航空需要制定一份合作计划：

12. 增加与客户的接触，提高与客户决策者的接洽效率。

13. 改善绩效的重点，强化 BT 公司具有竞争力的报价和公司内部的运作。

方法

14. 确认当前绩效和所要达到的绩效。

15. 确认目标客户，并且确定接洽主要决策者的方法。

论点本质

1. 争取新的和潜在的卫星通信大客户。

2. 确认重点销售区域，改善市场营销。

3. 确保主要的客户决策者能够收到最具竞争力的价格信息。

4. 留住现有的客户。

5. 取得当前客户对于新产品、新服务项目的反馈。

6. 以最经济的方式使用资金和人力资源。

7. 处理公司当前的问题，寻找能够尽快争取到新客户的方法。

8. 提升公司在航空业界的地位。

9. 确定接洽客户董事会决策者的方法。

10. 取得客户认可的产品数据。

11. 与客户沟通，了解其当前的需求。

12. 提高与客户决策者的接洽效率。

13a. 强化 BT 公司具竞争力的报价。

13b. 强化内部运作。

14. 确认当前绩效和要达到的绩效。

15a. 确认目标客户。

15b. 确定接洽主要决策者的方法。

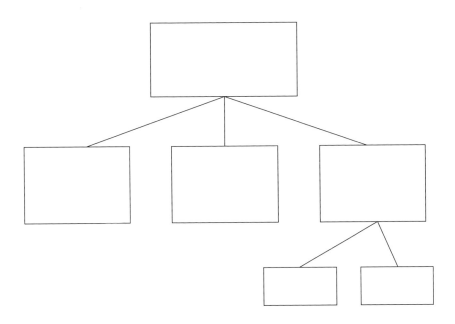

练习 6D

找出结论之间的共性

深入思考的目的首先是要得出推论。如果无法得出一个概括性的结论，也就无法得出关于该主题的新想法。例如：

- 公司存在许多问题；
- 要进行变革的几种理由；
- 有几个问题需要解决。

找出共性并得出推论并不十分困难，只需进行一些练习。如果这些句子符合以下要求，就说明这组思想具有某种共性：

- 针对同一类主语；
- 针对同一类谓语；
- 具有同一类隐含的思想。

一旦找出共性，要得出推论就容易多了。接下来的每个例子已经替你找出了其中的共同点。请用本书第 332 ~ 333 页"附录"中的论点标签构建金字塔结构。

解答在本书第 317 ～ 322 页。

练习 6D-1：

寻找相似的论点并把它们归为一组，将"附录"页标签上的总结论点剪下，贴入金字塔的空格内。

环境问题的发展

决定环境问题发展速度的因素包括：

1. 观察到某一现象的规模。

2. 现象的发展速率。

3. 对人类健康的威胁。

4. 问题所牵涉的"情绪"。

5. 逐渐增加的现象对经济的影响。

6. 预防或消除这一现象的成本。

7. 可以用来预防或消除这一现象的技术。

8. 游说活动的有效性。

9. 大规模的灾难（油轮触礁、农药外泄、核电厂爆炸事件等）。

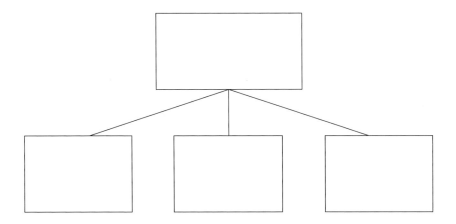

主语

    1. 规模。

    2. 发展速率。

    3. 对健康的威胁。

    4. 牵涉的情绪。

    5. 对经济的影响。

    6. 预防或消除这一现象的成本。

    7. 预防或消除这一现象的技术。

    8. 游说活动。

    9. 灾难。

练习 6D-2：

寻找相似的论点并把它们归为一组，将"附录"页标签上的总结论点剪下，贴入金字塔的空格内。

在土耳其设立一家度假酒店

提出这项建议的理由如下：

1. 该地区缺乏高级酒店。

2. 该地区拥有开发国际知名度假村的商机。

3. 长达 9 个月的旅游季节。

4. 该地区有望成为地中海沿岸新兴的旅游目的地。

5. 该地区拥有美丽的自然风光，景点质量较高。

6. 重要的海边城镇，拥有许多观光客喜爱的奢华商店、餐厅和吸引人的景点。

7. 可获得临近优美海边的国有土地。

8. 可获得面向大海的私有土地，已有必要的基础建设，而且价格合理。

9. 该地区成为收入较高的欧美观光客度假的新兴热门区域。

10. 该地区靠近国际机场。

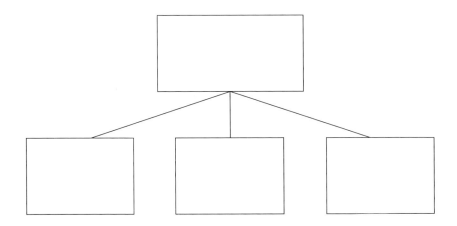

隐含思想

　　1. 市场竞争少。

　　2. 好的商机。

　　3. 漫长的旅游季节。

　　4. 极佳的知名度。

　　5. 优美的环境。

　　6. 许多具有吸引力的景点。

　　7. 可取得风景优美的土地。

　　8. 可取得价格合理的土地。

　　9. 知名度高。

　　10. 交通便利。

练习 6D-3：

寻找相似的论点并把它们归为一组，将"附录"页标签上的总结论点剪下，贴入金字塔的空格内。

跨国计算机系统模型

以下是我们认为需要处理的主要问题，并且说明了如何在 MCM 系统中处理：

1. 让国外子公司和分公司使用综合报表系统，以便财政部能够确认各种财务数据（包括现金流量表、资产负债表等）。

2. 衡量各种外汇交易业务风险和回报率。

3. 明确交易对税务和会计的影响。

4. 加强 MCM 系统的弹性，使跨国公司可以管理动态现金流。

5. 对有避险措施和没有避险措施的策略进行优劣评估。

6. 评估现有的"自然的"避险方法。

7. 系统应该可以提供外汇市场的信息（如历史记录、价格信息、价格波动等）。

8. 为系统增加可取得特殊外挂程序的合理费用，做好系统的维护工作。

9. 配备操作系统所需要的人员。

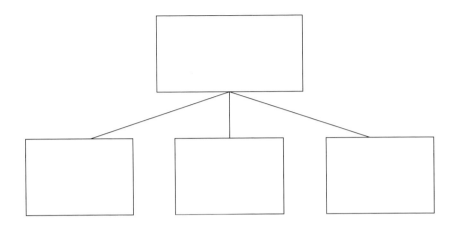

谓语

1. 确认各种财务资料。

2. 衡量外汇交易的风险、报酬率。

3. 明确交易对税务和会计的影响。

4. 能够弹性处理动态现金流。

5. 评估避险策略。

6. 评估"自然"避险方法。

7. 获取外汇市场信息。

8. 制订合理的价格,包括维护费用。

9. 配备人力。

练习 6D4：

寻找相似的论点并把它们归为一组，将"附录"页标签上的总结论点剪下，贴入金字塔的空格内。

佛罗里达联合银行

佛罗里达州的金融市场为佛罗里达联合银行提供的主要商机：

1. 提供丰富的金融市场资源。

▲"中小型储贷机构"拥有 54% 的总存款。

2. 市场将会成长。

▲该州资金过剩，因此资金成本低于其他地方。

3. 佛罗里达州的"中小型储贷机构"拥有广大的投资市场。

▲他们可以投入不动产市场等。

4. 佛罗里达联合银行在佛罗里达州有最大的分支机构网络。

▲大部分分支机构的业务都在成长。

5. 佛罗里达联合银行在业界拥有强大的实力。

▲它在 162 家规模较大的"中小型储贷机构"中位列第 31 名。

6. 它有优质的贷款组合。

▲大部分是遍及该州的房地产业务。

7. 佛罗里达联合银行一直积极地开发新产品。

▲它拥有竞争力超强的服务项目。

8. 这家公司在业界拥有极高的声誉和服务水平。

▲它已经经营了 50 年。

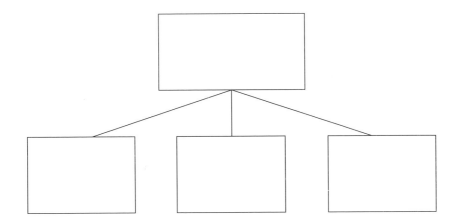

谓语

1. 拥有丰富的金融市场资源。

2. 市场将会成长。

3. 能够从事多样化经营。

4. 拥有佛罗里达州最大的分支机构网络。

5. 在业界拥有强大的实力。

6. 拥有优质的贷款组合。

7. 积极地开发新产品。

8. 在业界拥有极高的声誉和服务水平。

练习 6D-5：

寻找相似的论点并把它们归为一组，将"附录"页标签上的总结论点剪下，贴入金字塔的空格内。

转换成开放式系统环境

许多系统开发专家都在问：是哪些原因阻碍系统环境转换成开放式的？

1. 哪些硬件和软件平台足够可靠，以支持创造开放式系统环境。

2. 软硬件的初期设置费用。把终端机与主机更换为工作站和档案服务器。

3. 人力资源成本。培训新技术平台的开发者和客户。

4. 管理层对于开放式系统环境的成本与收益有所误解。

5. 缺乏可供参考的"手册式"解决方案和内部专家。

6. 网络规格的复杂性和其中牵涉的协调工作。

7. 与 MVS 企业系统的沟通和整合。

推动"开放式系统"环境要面对的挑战：

8. 客户必须适应新的桌面工作环境。

9. 管理层必须接受新技术、成本-收益的标准模式，以及修正后的组织架构。

10. 开发者必须学习新的系统开发方法、软硬件平台、系统管理与网络联机。

11. 必须逐步发展新开发环境的支持小组，增加内部专业人员数量。

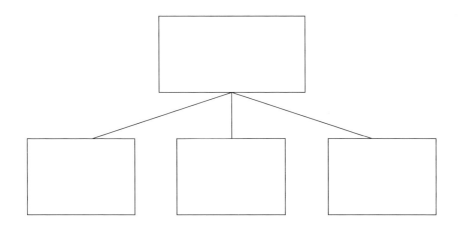

谓语

1. 需要找到可信赖的硬件和软件平台。

2. 需要把终端机和计算机主机更换为工作站和档案服务器。

3a. 需要培训系统开发人员。

3b. 需要培训客户。

4. 需要培训管理层人员。

5. 需要培养公司内部的专业人员。

6. 需要设定、协调网络规格。

7. 需要与 MVS 企业系统进行沟通和整合。

8. 需要培训客户。

9. 需要培训管理层人员。

10. 需要培训系统的开发人员。

11a. 需要逐步建立支持小组。

11b. 增加内部的专业人员。

练习 6D-6：

寻找相似的论点并把它们归为一组，将"附录"页标签上的总结论点剪下，贴入金字塔的空格内。

公司合并的优点

两家公司合并有几个优点：

1. 增加 1/3 的销售人员。

2. 在两个大州增加保单数量，提高在 3 个邻近州的保单数量。

3. 引进一家有"万能寿险"保单的保险公司，促成企业整体更快速地成长。

4. 引进一种先进的数据处理系统，用来处理"万能寿险"保单产品；要增加销售业绩，同时不需要额外的 EDP 支出。

5. 增加 14% 的有效人寿保险保单，提高 25% 的税前收益。

6. 协调现有管理层的观念。

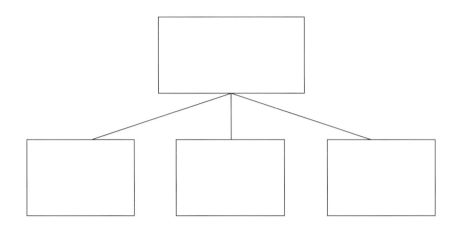

谓语

1. 增加销售人员。

2. 扩展销售区域。

3. 增加"万能寿险"保单的数量，促成企业更快速地成长。

4. 引进先进的数据处理系统。

5a. 增加有效寿险保单。

5b. 提高收益。

6. 提升管理层的能力。

参考解答集

练习 1

练习 1B

练习 1B-1：电话信息　　　　　　　　　原则 1、原则 2

练习 1B-2：零售价调查备忘录　　　　　原则 2、原则 3

练习 1B-3：电子档案管理的分析报告　　原则 1、原则 2、原则 3

练习 1C

练习 1C-1：人事系统

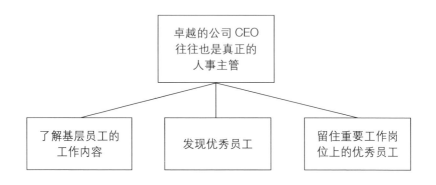

练习 1C-2：法国的真相

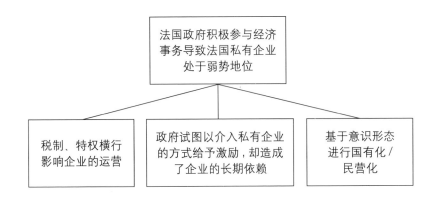

练习 1C-3：1860 年美国工程师的工作状态

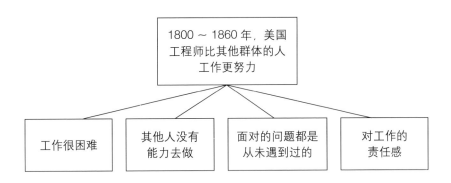

练习 1C-4：经济增长率的下降

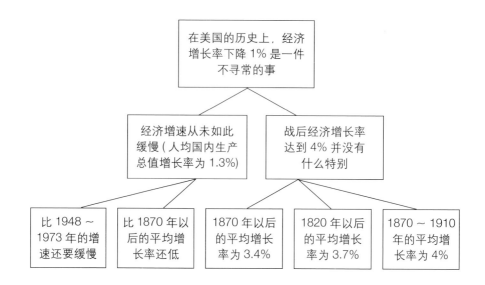

练习 2

练习 2-1：太平洋的亚洲

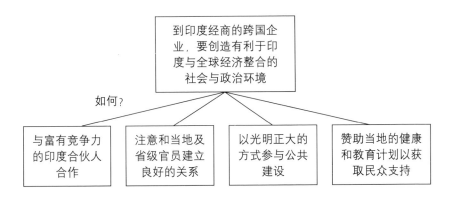

练习 2-2：量产公司

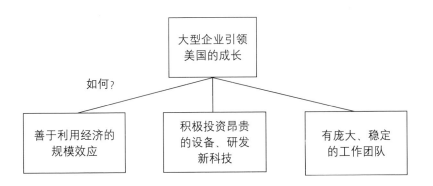

练习 2-3：家庭体系

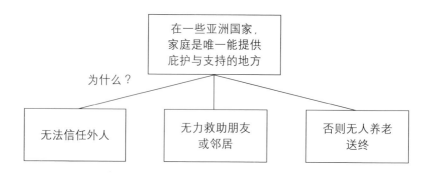

练习 2-4：日渐增加的竞争

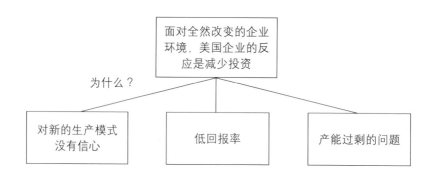

练习 2-5：革命

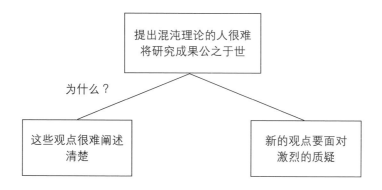

练习 2-6：混沌的开始

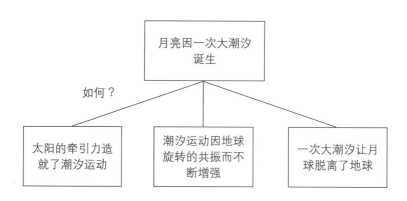

练习 3

练习 3A

练习 3A-1：简单的三段式演绎推理

1　　恢复正常的外交模式

2　　寻求同工同酬

3　　西面的窗户

4　　供应的食品种类

5　　承诺

练习 3A-2：连环式演绎推理

6a　　新的观点

6b　　改变他们的思维架构

7a　　评估

7b　　预测

8a　　心灵的平静

8b　　信心

9a　　畅销书模式

9b　　软件

10a　　做出全盘理解

10b　　分销方式

练习 3A-3 ： 新的领域

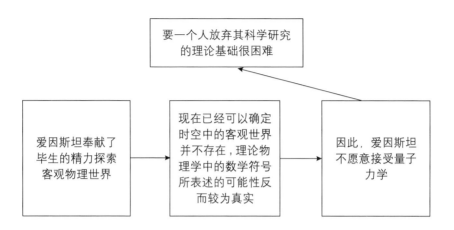

练习 3A-4 ： 无摩擦经济

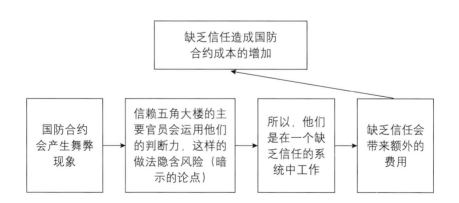

练习 3A-5：知识的矛盾性

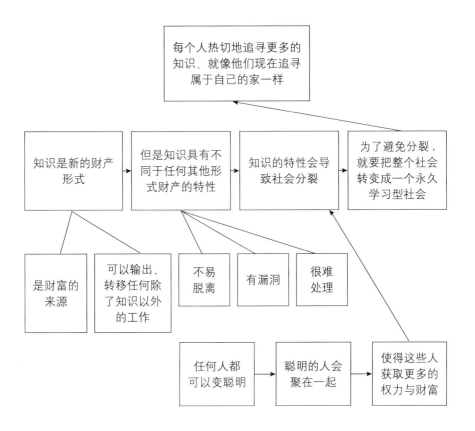

练习 3A-7：西窗

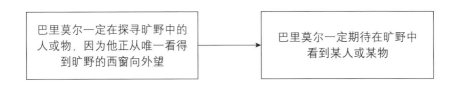

练习 3A-6：功能性的下层社会

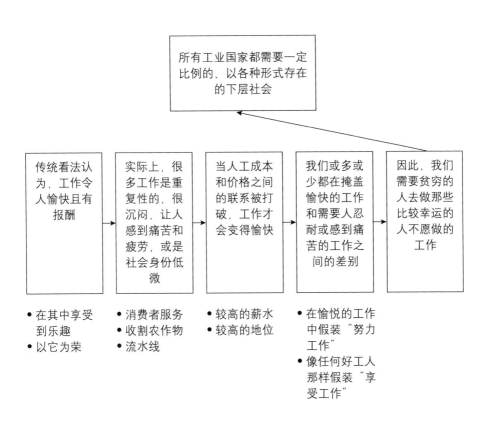

练习 3A-8：垄断法

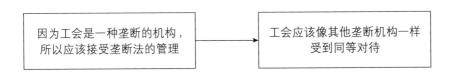

练习 3B

练习 3B-1：信息系统的应用

公司经常使用内部的信息系统，以满足会计而非运营的需求

□他们是如何做的？

□步骤（他们满足会计需求的方法）。

练习 3B-2：Prestel 咨询系统

Prestel 咨询系统很容易运用

□它如何运作？

□步骤（运作的步骤）。

练习 3B-3：试行计划

试行计划能够达成我们所有的目的

□你如何知道它可以做到？

□证明（计划的成果）。

练习 3B-4：内部业务合法化

JDC & R 通过拓展与强化内部合法活动，至少可以节省 50 万美元

□它如何做到的？

□步骤（它所采取的步骤）。

练习 3B-5：削减固定费用

Alpha 削减 1000 万美元的固定运营
预算是可行的

☐ 你如何知道他们做得到？

☐ 证明（节省的来源）。

练习 3B-6：基金投资提案

我建议对这份提案中的基金投资
300 万～ 500 万美元

☐ 为什么我们应该这样做？

☐ 理由（投资的理由）。

练习 3B-7：合格供货商

必须确保奥兰多只与合格的供货商
往来

☐ 我们可以如何做？

☐ 步骤（流程步骤）。

练习 4

练习 4A

练习 4A-5：董事会的任务

S＝董事会现在可以自由进行计划工作。

C＝并未准备好进行计划工作。

Q＝我们应如何准备？

S＝希望执行 X
C＝出现一个问题
Q＝如何解决

这是最常用的结构。"冲突"是说其中有问题，"疑问"是我们如何解决它，而文件则说明如何解决。

不要把"冲突"误认为问题。"冲突"是指故事中的"冲突"，虽然它经常成为问题，但并非总是如此。如果一定要将"冲突"换个说法，可以解释成"引发"。"背景"是在提醒读者他所熟悉的情境。"冲突"说明在该情境中发生什么状况而引发"疑问"。

练习 4A-6：远离日本市场

S＝美国和欧洲的公司对日本市场感到失望。

C＝已经把注意力转移到中国和印度。

Q＝他们的做法正确吗？

S＝不愿执行 X
C＝变更为 Y
Q＝那是一个好想法吗

这是另一个广泛采用的结构。某人想从一个不愉快的情境转移到其他情境。此处，如同前面的例子一样，疑问以暗示的方式提出，但是从答案可以很明显地判断出问题的内容。在这种结构中提出的问题通常是"他们如何确定会成功"或者"这样做会有效吗"。请注意，这两个句子基本上说的是相同的事情。

276

练习 4A-7：电视收视率的下降

S ＝白天和晚上的电视收视率分别下降了
　　 6.4% 和 3.1%。

C ＝这表示民众选择做别的事情。

Q ＝民众做了哪些我们没有想到的事情？

S ＝做 X 的百分比 　　 下降 C ＝表示人们在做 　　 别的事情 Q ＝他们在做什么

或是

S ＝人们过去习惯看电视。

C ＝他们现在不再看电视
　　（收视率下降）。

Q ＝他们转而做什么事情呢？

S ＝人们习惯做 X C ＝现在不做了 Q ＝他们转而做什 　　 么事情呢

或是

S ＝数以百万计的人们已不再看电视。

C ＝很明显，他们一定在做别的事情。

Q ＝他们在做什么？

S ＝人们已停止做 X C ＝明显在做别的 　　 事情 Q ＝他们在做什么

　　根据你的阅读方式，这个例子提供了 S-C-Q 3 部分信息，或者暗示"背景"，或者暗示"冲突"。当你需要以 S-C-Q 的方式确定你的思维是否正确时，可以在撰写序言时暗示其中的部分内容。也就是说，你可以暗示"背景""冲突"或者"疑问"（这种情况经常发生）。当然，你不能暗示答案。

练习 4A-8 ： 欲速则不达

S = 世界级的产品开发工作。

C = 由于经理人尝试拆解开发步骤，因而无法达成目标。

Q = 他们应该如何达成？

本篇选入这个例子，是因为第一次阅读时，它像是一篇不错的序言，但实际上却并非如此。这里有一个陷阱，未能考虑到以下情况：读者事先可能不知道或者不同意，序言将问题归结为"经理人把各种改善措施分开处理"。说得更清楚一点，读者可能被误导，认为 S-C-Q 结构如下：

S = 世界级的产品开发工作是必要的。

C = 但是开发程序受限于各种问题。

Q = 如何设计零缺点的程序？

S = 希望达成 X

C = 要执行的程序
有问题

Q = 如何克服问题

练习 4A-9 ： 美国的发展史

S = 美国有广阔疆域、天然资源、国内贸易和农业出口贸易，因而造就了早年非凡的经济繁荣。

C = 认为南北战争后的经济增长是拜科学与技术突破、企业家精神，以及较为自由的市场经济所赐。

Q = 真是如此吗？

S = 因为 Y 而有早年的 X

C = 现在认为是 Z 造成 X

Q = 真是如此吗

这个例子算是练习 4A-5 "日本市场"案例的变形，只是现在从某个快乐情境转换到另一个情境。这是一个非常有效率的方法，让目前认同某个主张的读者能够准备好倾听为何该主张是错的。

练习 4A-10：校园内的自重

S ＝麻省理工学院有 83% 的大学生考试作弊。

C ＝ 17% 的学生没有作弊。

Q ＝为什么他们没有作弊？

我们选入这个例子，一是觉得有趣；二是因为这个例子容易理解，让你有信心，觉得自己能掌握序言的结构。

练习 4B

练习 4B-1：产品管理的回报

S = 产品管理是一个流行的组织化概念。

C = 但是出现了抱怨。

Q = 存在抱怨是否意味着这一概念不切实际?

A = 当然不是。

S = 使用 X 技术
C = 抱怨该技术不好
Q = 抱怨属实吗
A = 不是

练习 4B-2：客户与顾问的关系

S = 你的工作就是说服我采用你的想法。

C = 我不确定你是否知道我的来历。

Q = 你如何得知?

A = 我将告诉你。

S = 有 X 目的
C = 无法实现它
Q = 为何如此
A = 请听我说

练习 4B-3：科学的独特性

S = 20 世纪将会因为对基本科学知识的贡献被载入历史。

C = 大部分人都认为这样的贡献是必然的。

Q = 真是如此吗?

A = 不是,科学思维与人类传统的思维大为不同。

S = 已经实现 X
C = 相信是必然的
Q = 是吗
A = 不是

练习 4B-4 ： 医疗科技

S ＝需要对医疗科技进行技术评估。

C ＝分析师将会尝试衡量所有治疗疾病
  的措施的相对成本和有效性。

Q ＝他们能够衡量它吗?

A ＝可能不行。

S ＝必定会把 X 应
  用到 Y

C ＝尝试衡量 Z

Q ＝他们能够衡量
  Z 吗

A ＝可能不行

练习 4B-5 ： 电视影像的问题出在哪

S ＝电视主要涉及影像和内容两个方面。

C ＝假定图像质量的提升是投资研究的
  方向。

Q ＝情况真是那样吗?

A ＝不，那是一个愚蠢的方法。

S ＝X 由 Y 和 Z 组成

C ＝注意力已经放
  在 Y 上

Q ＝那是正确的方
  法吗

A ＝不，应该把注
  意力放在 Z 上

练习 5

练习 5A

练习 5A-1：合理化计划

S = 计划规模太大，因此无法在规定时限内完成。

C = 必须缩减计划（因为我们不能延长时间，也不能增加人手）。

Q = 我们应该如何缩减?

> S = 我们有 X 问题
>
> C = 必须执行 Y 以解决它
>
> Q = 我们应该如何执行 Y

很明显，如果答案是"若要缩减计划规模，做 X"，则问题一定是"我们如何缩减计划"。我们知道主题是"合理化计划"，因此背景应该是读者所认同的我们对于计划的意见，即它的规模太大，无法在规定的时限内完成。在这种情况下，如果我们希望引导读者提出我们所要的问题，就要告诉他，必须缩减计划。

有时候，可以把计划太大且无法在规定时间内完成的事实描述成"冲突"，那么问题必定是"我们应该做什么"。但是，我们不想回答这个问题，所以就不能将其作为冲突。

这个练习的主要价值是让你认识到，掌握文件内容的不是你的老板，不是你的委托人，更不是你的顾客，而是"你"本人。因为你要与其他人沟通自己的想法，因此必须写一份序言引导读者提出你想要提供答案的问题。金字塔原理并不是一成不变的技巧，不会让你感觉好像穿了束缚衣一样。唯一不变的是处理序言和金字塔结构之间关系的原则。

练习 5A-2：钻探甲烷

S ＝你正在考虑有关开采甲烷的技术问题。

C ＝然而，除非你确定其在商业上可行，
否则你不会去做。

Q ＝在商业上可行吗？

A ＝不可行。

S ＝想要做 X

C ＝除非 Y，否则
不会去做

Q ＝是 Y 吗

A ＝不是

如果答案是"开采甲烷要商业化还不可行"，那么问题必须是"开采甲烷要商业化可行吗？"而且，既然主题是"开采甲烷"，我们在序言的开头就必须说明读者所知道的事物，也就是公司正在考虑有关开采甲烷的问题。

此时产生的冲突非常有趣。你要做的就是说明你用来判断是否采取行动的准则，而这将会引导读者提出你想要的疑问。这个技巧的价值在于：让文章有非常复杂的冲突，而且提出了一个明确的问题，将你接下来的调查和分析限定在对问题的回答上。

请看下面的例子：

S ＝我们正在考虑进入汽车零配件市场。

C ＝然而，除非能确定下列事项，否则我们不会去做。

- 我们会在最初 2 年内获得 20% 的市场占有率
- 它不会超过我们的生产极限
- 销售部门可以应对这样的产量

Q ＝情况是这样的吗？

这是一个非常复杂的冲突，但是你仍能给出答案。

练习 5B

练习 5B-1：PAGAM 资产处理费用

S = PAGAM 取得了位于俄克拉荷马州的 16 万平方米的资产，价值约为 266 万美元，是从拖欠相同金额票据的债务人处取得的。PAGAM 想要出售这项资产，但是在出售前必须清理已经遭到石棉污染的土地和建筑物，清理费用为 35 万美元。

C = 这笔费用可以列为费用支出或资本支出。

Q = 应列为哪一项支出？

练习 5B-2：TRW 信息系统事业小组

S = TRW 公司的"信息系统事业小组"是一个强大的内部资源，提供系统／网络的设计和开发、系统整合等专业服务。但公司对于这些服务的需求正在减少，因此你认为必须开拓外部的 SEI & M 市场。拥有专业管理经验和技术应该有助于拓展业务空间。

C = 然而，市场竞争激烈，供应厂商得有不止一套的竞争策略。你需要依据目前事业小组的能力设计一套可行的策略，才能在市场上取得成功。你要求我们进行评估、分析，提出建议方案。

Q = 我们应该制定哪些策略？

练习 5B-3：供货商资格、评鉴和开发

S = 奥兰多每年花费 6 亿美元采购产品和服务以维持公司的运营，但是许多事情却由背景不同的各种人员决定，而且没有任何正式的供货商评鉴或是资格认定程序。

C = 这意味着公司花了许多冤枉钱，没有得到等值的服务。供货商认

为销售产品给奥兰多公司是一种权利，而不是努力争取的结果。

Q = 你希望我们如何处理？

练习 5B-4：A.B. 工业公司的采购作业

S = A.B. 工业公司目前每年的采购业务花费额高达 9.82 亿美元。

C = 你认为如果集中处理采购业务，将会大幅提高效率，但是公司
目前习惯于分散采购，除非节省的费用很可观，否则你不希望
做出改变。

Q = 节省的费用会很可观吗？

练习 5B-5：报废资产申报系统建议方案

S = 为了符合美国 38 个州的"无人认领财产法"的规定，需要耗费
极多的人工费。现在可以交由计算机软件执行这项工作。

C = 已经研究过下列 3 种方式：

- 购买 Disc 公司的 APECS ／ PC 程序软件；

- 使用其他公司的服务；

- 自行开发处理系统。

Q = 采用哪一种方式？

练习 5B-6：现场销售会议

S ＝在现场销售会议中，希望传授有关如何设计连锁商店饮料区能
　　提升利润的技巧。

C ＝需要预先取得各地区中问题连锁商店的相关资料。

Q ＝你想要我怎么做？

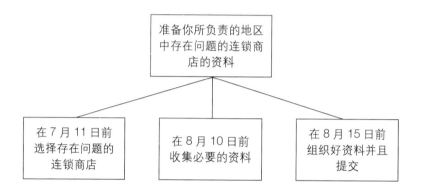

　　下文是"现场销售会议"的完整序言，以及其余的文件。转换
成文字后，仍可以看出整个金字塔结构。

收件人：	日期：
报告人：	主题：8 月 25 日现场销售会议

在 8 月 25 日的"现场销售会议"期间，我们计划教大家设计能提升利润的连锁商店饮料区，并让连锁商店的管理层了解该设计。为了进行这项活动，我们需要每个地区存在问题的连锁商店的数据。我们希望得到你的配合：

- 在 7 月 11 日前选择存在问题的连锁商店；
- 在 8 月 10 日前收集必要的资料；
- 在 8 月 15 日组织好数据并且提交。

选择连锁商店

根据我们的需要，你选择的连锁商店除了在当地很重要以外，还应当存在一定的问题。

总部所在地区的连锁商店，对于当地饮料厂来说是非常重要的客户。例如，田纳西州诺克斯维尔市的 White Stores 拥有 39 家商店，销售额占当地所有商店销售额的 16.6%；位于艾奥瓦州德梅因市的 Dahl's Food Markets 拥有 9 家商店，销售额占当地所有商店销售额的 29.1%；位于华盛顿州斯波坎市的 Rousauers 拥有 29 家商店，销售额占当地所有商店销售额的 20.1%。

当然，我们不知道上述连锁商店是否有存在问题的。有问题是指：(a) 我们分配到的货架空间比率低于我们的市场占有率；(b) 商店货品并非完全由我们的供货系统提供。此外，饮料厂已经发觉这些连锁商店存在问题，并且愿意协助你进行必要的调查。

请在 7 月 11 日前，以所附表格通知我你所选择的连锁商店名称。

收集资料

在 8 月 10 日前，你需要针对选择的连锁商店收集以下 3 种资料：

1. **每种品牌的饮料所占货架空间的大小**。与重要的饮料厂合作，在 9 ～ 10 家商店进行货架空间调查。如果连锁商店只有少数几家店面（4 ～ 8 家），则把所有店都纳入调查范围。

2. **市场占有率**。在 3 ～ 4 家商店进行市场占有率调查。同时收集尼尔森有关主要市场或者特许经营权的调查资料，可能的话，还要包括市场占有率和配销渠道的详细数据及缺货情况。

3. **当地饮料厂的销售量**。了解当地饮料厂每年在此连锁商店的销售量。

组织数据

一旦收集好数据，组织起来，就能让所有连锁商店轻松了解目前的情况。这表示按照规模、个别商标、总货架空间，以及连锁商店的总市场占有率，从所有的连锁商店调取数据。随附的指示会提供范例，显示最终结果。你需要在 8 月 15 日之前提交数据。

8 月份的会议结束后，在饮料厂的许可下，你可以向你所负责的区域中挑选出的问题连锁商店进行解说。以这种做法为指引，你可以和饮料厂继续合作，替当地其他主要的连锁商店准备类似的说明会。

练习 5C

练习 5C-1：工程师的梦想
归纳推理

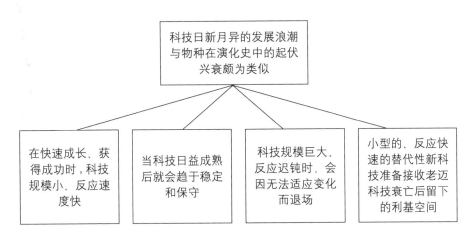

练习 5C-2：论美国人的处境
两个层级都是**归纳推理**

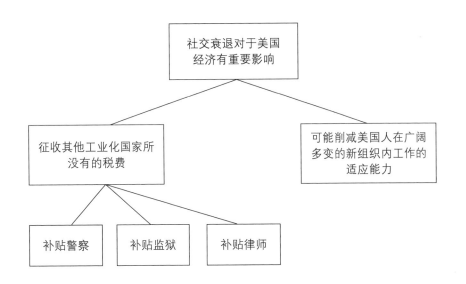

练习 5C-3：人类权力的来源
演绎推理

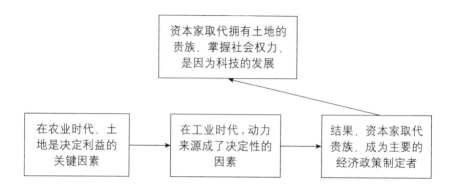

练习 5C-4：船员的教育
演绎推理

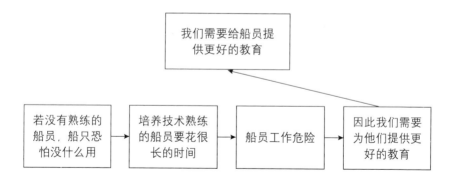

练习 5C-5 ：爱拼才会赢

归纳推理

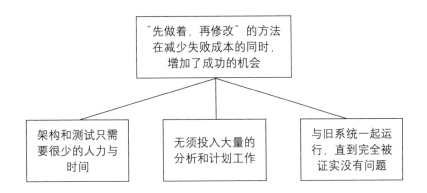

练习 5C-6 ：整合科技

演绎推理（关键句）

归纳推理（较低层级）

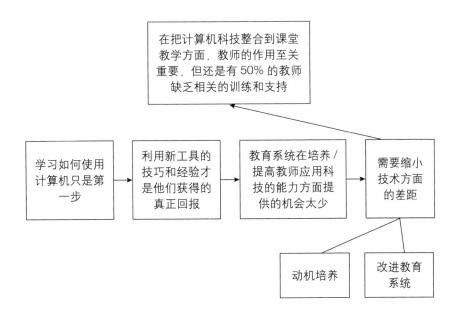

练习 5C-7：美国经济的衰退

归纳推理

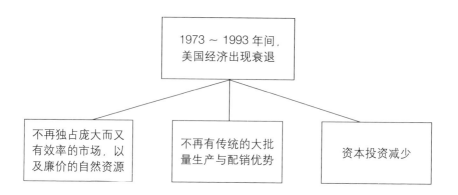

练习 5C-8：规范和信任

演绎推理

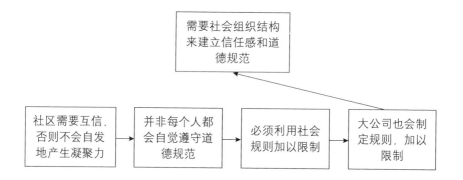

练习 5C-9 ： 干草的发明

演绎推理

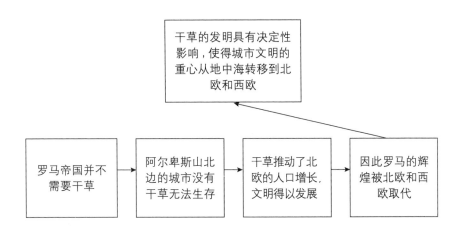

练习 5C-10 ： 竞争

归纳推理

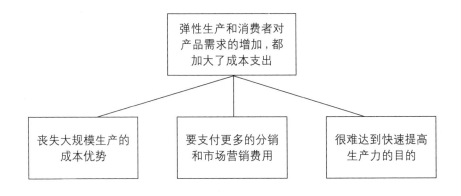

练习 5D

建议结构

电玩游戏产业

S= 电玩游戏代表着庞大的商机，公司希望开发自己的游戏。费用估计为 25 万～100 万美元。

C= 问题是需要对 100 万美元的预算做一个大概的说明，是否确实需要这么多的费用

Q= 我们必须花费 100 万美元吗？

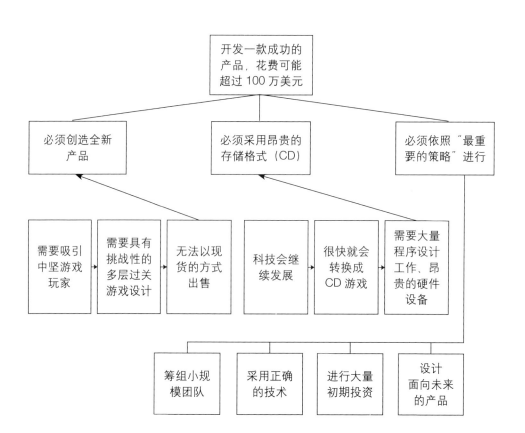

294

这是我写给副总裁布鲁斯·威廉姆斯的备忘录。请注意，当我找出序言完整的"背景—冲突"结构后，我在文件中隐含地说明了背景。你的写作风格和遣词造句可能有所不同，但是也应该能写出大致相同的论点。

对于如何把金字塔结构写出来，请参阅《金字塔原理》第 11 章"在 PPT 演示文稿中呈现金字塔"和第 12 章"在字里行间呈现金字塔"的内容。

收件人：布鲁斯·威廉姆斯　　　日期：
报告人：米尔顿·多林　　　　　主题：开发电玩游戏的成本

你曾要求我做一个大致的说明，如果我们决定开发一套电玩游戏，到开发完成是否需要花费高达 100 万美元的费用。根据一项快速调查，开发的费用很可能会超过 100 万美元。

我们需要：

- 创造一款全新的产品；
- 制作高价的光盘（CD）格式游戏；
- 使用"最重要的策略"进行开发。

需要全新的产品

电玩游戏产业有着极大的潜在商机，今年整体销售金额是 59 亿美元，预计到 1999 年会增长到 103 亿美元。但是为了取得足够的市场占有率，我们必须重视"中坚游戏玩家"的需求，也就是 12 ～ 18 岁男孩们的需求。

4 ～ 12 岁的男孩／女孩	占市场份额的 30%
12 ～ 18 岁的男孩	占市场份额的 55%
18 岁以上的男性	占市场份额的 15%

12 ～ 18 岁的男孩都喜欢冒险性强的游戏与角色扮演的游戏，也就是那些极具挑战性的过关游戏，并且画面质量足够高。高质量的画面和紧凑的节奏尤其重要。除此之外，游戏必须要有趣味性强的故事情节和高度的互动性，总之一定要很好玩。

然而，到目前为止，并没有简单的或是明显的案例可以用来说明游戏应该如何运作。它是一个新兴的艺术表现手法，需要大量的人工投入。拥有一个市场认定的角色或故事（这是我们的优势）显然是一大利基，而这也是我们目前唯一的基础。"游戏性"则必须从头开始发展。

从电影或电视节目成功地转变成电玩游戏的例子很少。比如，在许多以《侏罗纪公园》为开发基础的电玩游戏中，只有一款由Sega 开发的产品获得了成功，其他全部都失败了。反之，马里奥兄弟是任天堂极为成功的游戏，却无法改编成电影。

需要 CD 格式的游戏

若要在游戏中提供刺激的情节和互动性，我们必须使用 CD 技术设计电玩游戏。今天的电玩游戏主要是以 8 位、16 位或者掌上型游戏卡带的方式设计制造的，销售给中坚游戏玩家的主要是 16 位的游戏。

然而，预计市场会快速转变到 CD 格式，因为 CD 格式：

• 具有优质的画面、音效，游戏的长度和质量更有优势（每张光盘的容量达 700MB）。

- 制造费用并不昂贵。

- 容易移植到各种不同的系统中，分摊开发费用。

虽然能够使用 CD 的硬件设备尚未普及，但行业内所有重要公司（任天堂、Sega、索尼和飞利浦）今年都计划推出可以适用游戏卡带和 CD 的游戏机平台。他们都在下赌注，当 CD 的优越质量和游戏价值日趋明显，而且成本逐渐降低，使零售价格降至大约 39.95 美元（目前，16 位格式的游戏价格为 69.95 美元）的时候，CD 游戏市场将快速发展。

但是，即使 CD 的制造费用不再昂贵，开发 CD 游戏也仍然需要大量且昂贵的计算机程序设计。游戏软件的代码必须经过仔细建构、简洁、执行速度快，让游戏者能够获得预期的刺激体验。理想状态是，开发小组的每个成员都要有一套 Silicon Graphics 计算机，加上一些软件工具，以便进行程序设计、图形设计和动画制作。每位开发设计师使用的硬件和软件费用最高达 25000 美元。

需要"最重要的策略"

电玩游戏产业仍然处在萌芽阶段，但是有一套"最重要的策略"需要遵守，如此才能尽可能提高成功几率。这些实务经验类似那些已经在软业发展出来的做法，有些可能还是反直觉（counter-intuitive）的做法。

1. 筹建小规模、拥有高超技术的开发小组。有些公司集合了几个大规模团队，最后却损失惨重。他们以为用大规模的开发团队可以更快地开发出产品，但结果正好相反。所有的杠杆效应都是要争取到优秀的人才才能实现，而盲目增加人手只会增加成本并延误开发。

2. **使用正确的技巧。**开发小组成员应该包括一流的设计师、杰出的图形设计师及优秀的软件程序设计师。要设计出好的游戏，需要这三种人才共同努力。筹建优秀的开发小组可能费用昂贵（有时候也很耗时）。由于这个产业正面临快速扩充期，极需人才，但游戏开发高手又很少，所以一般游戏设计师的年薪达 10 万～ 20 万美元。一流的图形设计师年薪大约为 10 万美元，而软件程序设计师的年薪则为 6 万～ 20 万美元。

3. **大量的初期投资。**设计／开发程序需要密集的创造力和不断重复的工作。根据经验，在预期完成最终产品之前，大约需要花费 48 ～ 72 个月。没有任何快捷方式可以依循，"最重要的策略"要求大量的初期投资，在进入制造过程之前完成早期的原型设计，以便确定设计的细节。在初期多花点时间确定正确的设计方向，虽然需要的费用较高，但可以避免以后支付更高的弥补费用。

4. **从一开始就设计适合未来的产品。**重要的是，设计出来的产品必须是能够支持长期销售／系列推出的游戏。这表示，开发小组不但要仔细选择角色，而且要有创意。我们还必须利用目前建立的角色和内容，大致说明将来的游戏将如何依托目前的游戏进行开发。所有这些情形都表明，需要额外的费用。

＊ ＊ ＊

把以上所有论点都纳入考虑，保守估计最终成本可能要到 100 万美元。

练习 6

练习 6A

练习 6A-1：为了预测市场的变化 ☑ 时间

此处的推论是采用因果论。如果划分好市场区域，评估每个区域的竞争地位，并且追踪该区域随时间的变化情况，就可以预测市场的变化。对于一系列活动的总结，其实就是执行这些活动的直接结果。

练习 6A-2：计算机销售安装数量下降 ☑ 程度

一家公司可能内部运营缺乏效率，外部经营也缺乏效率。练习中的 3 个论点对应实际销售安装计算机所需要的程序（制造硬件装置、安装软件、制定市场营销计划、销售、服务），把前 3 项归为内部运营，其他项则归为外部经营。将某个论点优先于其他论点，作者是在表示，它是问题的主要原因。

练习 6A-3：纸板厂的运营损失 ☑ 结构

纸板厂运营着 3 家废纸厂、两家纸板生产厂，以及 4 家硬纸箱工厂。练习中的 3 项活动的顺序显示出一种结构。事实上，各项处理措施彼此不相关。论点不是按照时间顺序，也不是按照程度顺序，而是按照它们在结构上出现的顺序排列的。

练习 6A-4：电话公司的账务系统　　☑ 程度

这又是一个程度顺序的例子。账务系统必须具备以下 3 项功能：生成管理需要的数字、生成客户想要的数字，以及生成法规所要求的数字，但是设计时需要优先考虑客户的需要，然后再考虑其他使用者的想法。

练习 6A-5：内部管理运费　　☑ 时间

通过时间顺序再一次显示出因果关系。先建立模型，评估其中的差异，然后写成文字说明，如此你便能判断是否要公司内部管理运费了。

练习 6A-6：争取供应厂商的策略　　☑ 结构

这是结构性顺序的一个特殊形式。首先你可以想象自己来到厂房所在地，接着在建筑物内查看，寻找可行的方法，然后根据具体方法评估所能节省的费用。这种结构可称为"纵向式"结构，与练习 6A-3 中的"横向式"结构有所不同。

练习 6B

加入逻辑顺序后，不但可以判断是否有论点被遗漏，而且可以确定现有论点是否有意义。

练习 6B-1：专业零售商

专业零售商在市场营销的每一步都很用心，所以他们能够在下列各个方面胜过竞争者：

1. 他们有很好的店面位置。（3）

2. 足够的库存商品。（1）

3. 有吸引力的价格。（4）

4. 很好的广告效果。（5）

5. 受过良好训练的销售人员。（2）

练习 6B-2：新的经营模式

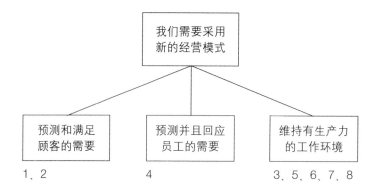

为了确保公司能持续经营并获得成功，我们需要采用新的经营模式，做到以下几点：

1. 预测并且满足顾客的需要。(2)

   • 要能和顾客成功互动。(1)

2. 预测并且回应员工的需要。(4)

3. 维持有生产力的工作环境。(3)

   • 创造最佳绩效和创新成果。(5)

   • 促进持续学习和发展。(6、7)

   • 面对连续变动时，要有更多弹性和承受变动的能力。(8)

练习 6B-3：项目计划超支的合理阐述

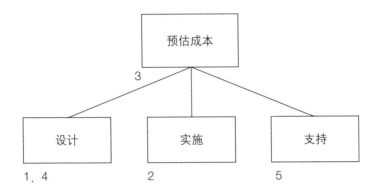

基本资料指出，每一个工作站的设置成本为 3 万～5 万美元，而不是预估的 1.3 万美元。（3）

1. 设计工作原本就需要大量费用。（1、4）

2. 企业的经营模式繁复，很难统一管理。（2）

3. 这个系统需要更多的支持。（5）

练习 6B-4：尖端信息系统

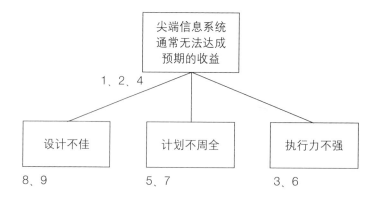

尖端信息系统通常无法达成预期的收益。（1、2、4）

1. 设计不佳。

   - 缺乏足够的信心。（9）

   - 强调技术上的解决方案，而忘了企业未来的需求。（8）

2. 计划不周全。

   - 不切实际的流程表。（5）

   - 计划期间过于仓促。（7）

3. 执行力不强。

   - 无法遵守管理上的承诺。（3）

   - 未能进行需要的教育和培训。（6）

练习 6B-5：商机的评估

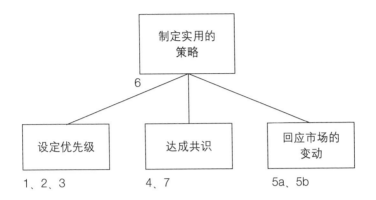

"商机评估"应提供制定正确的策略所需要的信息。（6）让我们可以：

1. 安排资源运用的优先级。（2）
   - 确认需要处理的问题。（3）
   - 做出明智的交易决策。（1）

2. 就经营策略达成共识。
   - 对于将要采取的策略,公司所有运作都要与其保持一致。（4）
   - 在向顾客进行说明之前，公司所有运作要以相同的认知为基础。（7）

3. 回应市场的变动。
   - 评估特定客户请求的合理性。（5a）
   - 判断在执行年度计划时，计划变更的有效性。（5b）

练习 6B-6：市场调查的目标

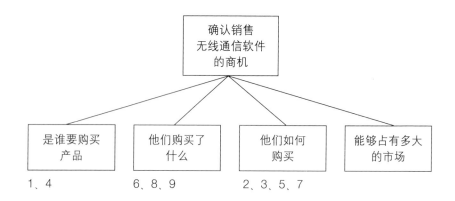

我们进行市场调查的目标，是要确认销售无线通信软件到发展中国家是否是一个商机。我们将要确定：

1. 是谁要购买产品？
   - 不同市场区域的特性。(1)
   - 不同市场区域的购买行为。(4)

2. 他们购买了什么？
   - 买方的技术要求。(6)
   - 客户对定制和专业技术支持的要求。(8)
   - 每一个应用领域的年度经费计划。(9)

3. 他们如何购买？
   - 供货商对潜在客户的定位。(3)
   - 目前供货商的价格水平和市场营销策略。(2)
   - 供货商所采用的销售和配销渠道。(5)
   - 供货商使用的技术。(7)

4. 东方电信公司能够占有多大的市场？

练习 6B-7：生产力计划的架构

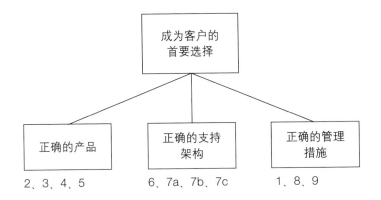

要成为客户的"首要选择"，我们的经营必须完全以客户为导向。这意味着我们要：

1. 为客户提供全球统一的、高质量的、创新和定制产品。（2、3、5）
   - 市场定位和新产品的开发工作。（4）

2. 支持以客户为导向的企业运营结构、程序和系统。（6）
   - 大量的财务与管理信息。（7c）
   - 控制和管理企业。（7a）
   - 把资源配置到企业中最适当的领域。（7b）

3. 整合客户关系的管理能力。（1）
   - 企业各部门都要支持以顾客为导向的企业文化。（8）
   - 强调个人对顾客的服务意识。（9）

练习 6B-8：直销成功的关键

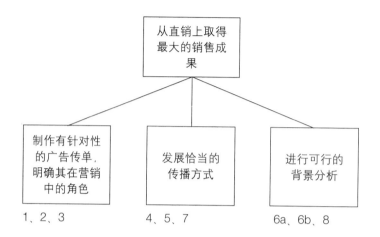

若要获得直销的最大成果，你应该：

1. 制作有针对性的广告传单，明确其在营销中的角色。（2）
    - 选择恰当的品牌进行推销。（1）
    - 目标消费群体和市场状况要随时更新。（3）

2. 发展具有影响力又能节省成本的传播方式。（7）
    - 根据消费者的行为,对待不同的消费群体有不同的态度。(4)
    - 着重于有附加价值的信息。（5）

3. 进行可行的背景分析。（8）
    - 建立拥有足够多的信息和数据质量足够好的数据库。（6a）
    - 发展有适当结构、系统及存取程序的数据库。（6b）

练习 6C

练习 6C-1：基金平台运营计划

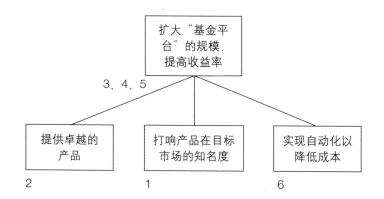

扩大"基金平台"的规模，提高收益率。（3、4、5）

1. 提供卓越的产品。（2）

2. 打响产品在目标市场的知名度。（1）

3. 实现自动化以降低成本。（6）

练习 6C-2：第一阶段的步骤

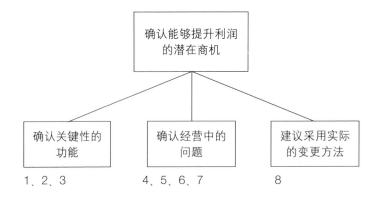

在第一阶段，我们将指出提高收益的潜在商机：

1. 确认关键性的功能。（3）

    • 记录交易业务和工作流程。（1、2）

2. 确认经营中的问题。（7）

    • 分析组织架构。（4）

    • 了解服务和绩效评比措施。（5）

    • 评估企业运营的绩效水平。（6）

3. 建议采用实际的变更方法。（8）

练习 6C-3：关乎质量，不可妥协

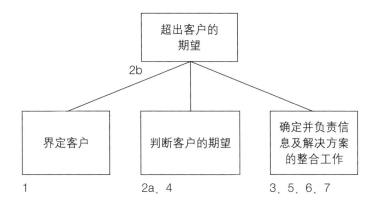

为了满足客户的需要，我们必须超出客户对质量的期望。（2b）

1. 界定客户。（1）

2. 判断客户的期望。（2a）

   • 适当安排客户和供货商参与我们的工作。（4）

3. 确定并负责信息及解决方案的整合工作。（5）

   • 确定供货商了解并能超出我们对质量的要求。（3）

   • 采取"第一次就把工作做好"的态度。（6）

   • 取得和维持应有的技术水准。（7）

练习 6C-4：扩大 GR 的企业规模

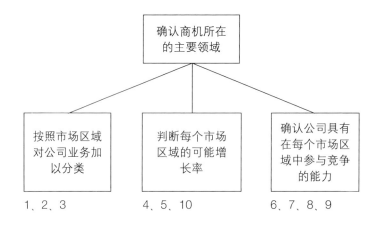

为了帮助 GR 判断该如何提高利润、扩展业务，我们可以用简单可行的方法，指出主要的商机所在：

1. 按照市场区域对公司业务加以分类。（2）
   - 确定公司的目标和运营范围。（1）
   - 确认如何与其他业务合作。（3）

2. 判断每个市场区域的可能增长率。
   - 评估市场营销、领导地位、投标和订单的历史统计数据。（4）
   - 检讨企业主要市场区域的增长率、成长潜力，以及影响这些项目的因素。（5）
   - 审视公司未来的计划。（10）

3. 确认公司具有在每个市场区域中参与竞争的能力。
   - 技术的角色及其重要性。（6）
   - 市场竞争的基础。（7）
   - 市场竞争的结构和强度。（8）
   - GR 公司过去的策略及其主要竞争者。（9）

练习 6C-5：公司重组的指导原则

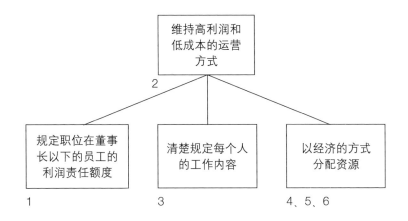

公司的组织结构应该有助于维持公司高利润、低成本的运营方式。(2)

若要达到这一点，应该：

1. 明确董事长以下的所有员工的利润责任额度。(1)

2. 明确每个人的工作内容。(3)

3. 以经济的方式分配资源。(4)

   • 充分利用共通化、合理化设计的优势。(5)

   • 为资深员工提供拓展工作经验的机会。(6)

练习 6C-6：医疗辅助市场

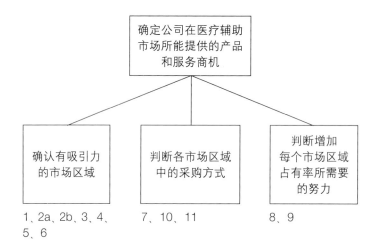

确定公司在医疗辅助市场所能提供的产品和服务商机：

1. 确认有吸引力的市场区域。(2a)

- 定义相关的医疗辅助领域。(1)

- 明确每个市场区域的客户。(2b)

- 列出购买的产品类别。(4)

- 预估市场采购的全部金额。(3、5)

- 预估主要产品类别的预期增长率。(6)

2. 判断各市场区域中的采购方式。(7)

- 制定选择主要经销商的标准。(10)

- 确定在每个"医疗辅助"市场区域中选择供应商的标准。(11)

3. 判断增加每个市场区域占有率所需要的努力。

- 目前公司产品在主要市场区域的占有率。(8)

- 对于目前并非由公司提供的产品和服务，预估其未来的销售商机。(9)

练习 6C-7：21 世纪的物流服务供应

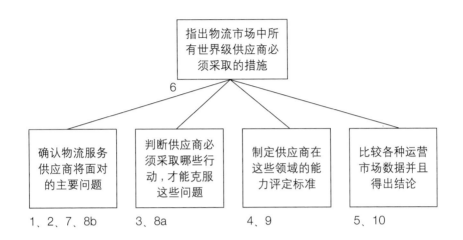

这项研究指出所有世界级物流供应商必须采取的措施。（6）

这些措施一般包括：

1. 确认物流服务供应商将要面对的主要问题。

   • 确认在未来 10 年可能兴起的主要物流趋势。（2、8b）

   • 确认物流服务供应商面对的主要问题。（1、7）

2. 判断供应商必须采取哪些行动，才能克服这些问题。

   • 判断物流服务供应商主要竞争优势来源。（3）

   • 指出物流服务最有前景的业务。（8a）

3. 制定供应商在这些领域的能力评定标准。（4、9）

4. 比较各种运营市场数据并且得出结论。（10）

   • 提供未来研究和过去记录的比较基础。（5）

练习 6C-8：BT 航空的运营计划

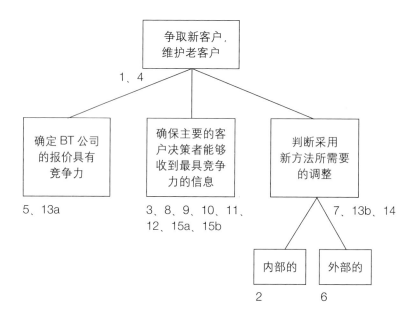

除了继续维护日前的客户外，还要争取新的和潜在的卫星通信大客户。（1、4）

1. 确定 BT 公司的报价具有竞争力。（13a）
   - 取得当前客户对新产品、新服务项目的反馈。（5）

2. 确保主要的客户决策者能够收到最具竞争力的信息。（3、8、10）
   - 确认目标客户。（15a）
   - 确定接洽主要决策者的方法。（9、12、15b）
   - 与客户沟通，了解其当前的需求。（11）

3. 判断采用新方法所需要的调整。（7、13b、14）
   - 确认销售的重点区域，改善市场营销。（2）
   - 以最经济的方式使用资金和人力资源。（6）

练习 6D

练习 6D-1：环境问题的发展

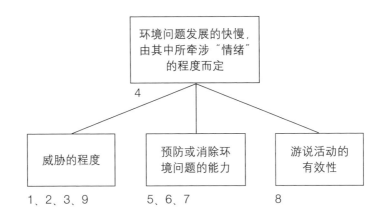

环境问题发展的速度，由其中牵涉"情绪"的程度而定。（4）"情绪"源自于：

1. 威胁的程度。

   • 观察到的某一现象的规模。（1）

   • 现象的发展速率。（2）

   • 对人类健康的威胁。（3）

   • 大规模的灾难。（9）

2. 预防或消除环境问题的能力。

   • 逐渐增加的现象对经济的影响。（5）

   • 预防或消除这一现象的成本。（6）

   • 可以用来预防或消除这一现象的技术。（7）

3. 游说活动的有效性。（8）

练习 6D-2：在土耳其设立一家度假酒店

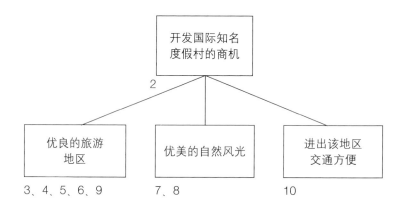

我们相信该地区有机会发展成国际知名度假村。(2)

1. 该地区是优质旅游区域。

   • 有长达 9 个月的旅游季节。(3)

   • 有望成为地中海沿岸新兴的旅游目的地。(4)

   • 拥有美丽的自然风光，景点质量较高。(5)

   • 重要的海边城镇，拥有许多观光客喜爱的奢华商店、餐厅和吸引人的景点。(6)

   • 该地区成为收入较高的欧美观光客度假的新兴热门区域。(9)

2. 我们可以取得该地区风景优美的土地。

   • 可获得临近优美海边的国有土地。(7)

   • 可取得面向大海的私有土地，已有必要的基础建设，而且价格合理。(8)

3. 进出该地区交通方便。(10)

练习 6D-3：跨国计算机系统模型

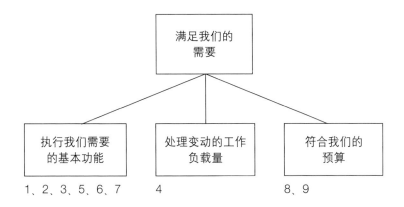

建议采纳的计算机模型能够满足我们的需要吗？

1. 它具备我们需要的基本功能吗？

- 确认所有财务数据。（1）

- 提供广泛的外汇市场信息。（7）

- 衡量外汇交易的风险和回报率。（2）

- 明确交易对税务和会计的影响。（3）

- 评估避险策略和"自然的"避险方法。（5、6）

2. 它可以处理变动的工作负载量吗？ （4）

3. 它能够符合我们的下列预算吗？

- 价格，包括维护成本。（8）

- 人力费用。（9）

练习 6D-4：佛罗里达联合银行

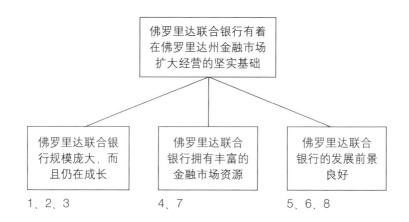

佛罗里达联合银行有着在佛罗里达州金融市场扩大经营的坚实基础：

1. 佛罗里达联合银行规模庞大，而且仍在成长。
   - "中小型储贷机构"拥有 54% 的总存款。（1）
   - 佛罗里达联合银行有进一步成长的空间。（2）
   - 能够从事多样化经营。（3）
2. 该公司拥有丰富的金融市场资源。
   - 拥有佛罗里达州最大的分支机构网络。（4）
   - 在产品和服务方面有超强的竞争力。（7）
3. 该公司的发展前景良好。
   - 在业界拥有强大的实力。（5）
   - 有优质的贷款组合。（6）
   - 有极高的声誉和服务水平。（8）

练习 6D-5：转换成开放式系统环境

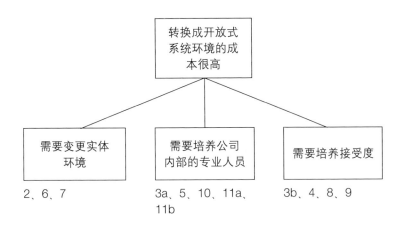

转换成开放式系统环境的成本很高：

1. 需要改变实体环境。

   • 把终端机、计算机主机更换成工作站、档案服务器。(2)

   • 设定、协调网络规格。(6)

   • 与 MVS 企业系统的沟通和整合。(7)

2. 需要培养公司内部的专业人员。

   • 培训系统开发人员。(3a、10)

   • 培养内部的专业人员。(5、11b)

   • 逐步建立支持小组。(11a)

3. 需要培养接受度。

   • 从管理层方面。(4、9)

   • 从客户方面。(3b、8)

练习 6D-6：公司合并的优点

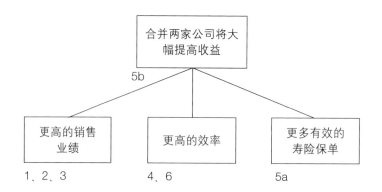

合并两家公司将大幅提高收益。（5b）

1. 更高的销售业绩。

   • 提供更多样的产品。（3）

   • 销售地区更广。（2）

   • 有更多销售人员。（1）

2. 更高的效率。

   • 先进的数据处理系统。（4）

   • 完善的管理制度。（6）

3. 更多有效的寿险保单。（5a）

附录 练习中的论点标签

练习1C 掌握文章思想

练习1C-1：人事系统

发现优秀员工	了解基层员工的工作内容	能留住重要工作岗位上的优秀人才

练习1C-2：法国的真相

基于意识形态进行国有化／私有化	政府企图以介入私有企业的方式给予激励，却造成了企业的长期依赖	税制、特权横行，影响企业的运营

练习1C-3：1860年美国工程师的工作状态

其他人没有能力去做	要面对的问题都是从未遇到过的	工作很困难	对工作的责任感

练习1C-4：经济增长率的下降

1870年以后的平均增长率为3.4%	比1870年以后的平均增长率还低	经济增速从未如此缓慢（人均国内生产总值增长率为1.3%）	1820年以后增长率为3.7%	比1948～1973年的增速还要缓慢	战后经济增长率达到4%并没有什么特别	1870～1910年的平均增长率为4%

练习 2　建立纵向的关系

练习 2-1：太平洋的亚洲

与富有竞争力的印度合伙人合作	注意和当地及省级官员建立良好的关系	以光明正大的方式参与公共建设	赞助当地的健康和教育计划以获取民众支持	到印度经商的跨国企业，要创造有利于印度与全球经济整合的社会与政治环境

练习 2-2：量产公司

有庞大、稳定的工作团队	大型企业引领美国的成长	善于利用经济的规模效应	积极投资昂贵的设备、研发新的科技

练习 2-3：家庭体系

否则无人养老送终	无力救助朋友或邻居	无法信任外人	在一些亚洲国家，家庭是唯一能提供庇护与支持的地方

练习 2-4：日渐增加的竞争

低回报率	对新的生产模式没有信心	面对全然改变的企业环境，美国企业的反应是减少投资	产能过剩的问题

练习 2-5：革命

新的观点要面对激烈的质疑	提出混沌理论的人很难将研究成果公之于世	这些观点很难阐述清楚

练习 2-6：混沌的开始

太阳的牵引力造就了潮汐运动	月亮因一次大潮汐诞生	一次大潮汐让月球脱离了地球	潮汐运动因地球旋转的共振而不断增强

练习 3A　演绎推理

练习 3A-3：新的领域

现在已经可以确定时空中的客观世界并不存在 , 理论物理学中的数学符号所表述的可能性反而较为真实	要一个人放弃其科学研究的理论基础很困难	因此 , 爱因斯坦不愿意接受量子力学	爱因斯坦奉献了毕生的精力探索客观物理世界

练习 3A-4：无摩擦经济

信赖五角大楼的主要官员会运用他们的判断力 , 这样的做法隐含风险（暗示的论点）	缺乏信任造成国防合约成本的增加	国防合约会产生舞弊现象	所以 , 他们是在一个缺乏信任的系统中工作	缺乏信任会带来额外的费用

练习 3A-5：知识的矛盾性

但是知识具有不同于任何其他形式财产的特性	有漏洞	为了避免分裂 , 就要把整个社会转变成一个永久学习型社会	不易脱离	是财富的来源	很难处理	每个人热切地追寻更多的知识 , 就像他们现在追寻属于自己的家一样
知识是新的财产形式	可以输出、转移任何除了知识以外的工作	知识的特性导致社会分裂	聪明的人会聚在一起	任何人都可以变聪明	使得这些人获取更多的权力与财富	

练习 3A-6 ： 功能性的下层社会

当人工成本和价格之间的联系被打破，工作才会变得愉快	因此，我们需要贫穷的人去做那些比较幸运的人不愿做的工作	消费者服务	在其中享受到乐趣	以它为荣
像任何好工人那样假装"享受工作"	实际上，很多工作是重复性的，很沉闷，让人感到痛苦和疲劳，或是社会身份低微	所有工业国家都需要一定比例的、以各种形式存在的下层社会	传统看法认为工作令人愉快且有报酬	我们或多或少都在掩盖愉快的工作和需要人忍耐或感到痛苦的工作之间的差别
在愉悦的工作中假装"努力工作"	流水线	较高的地位	收割农作物	较高的薪水

练习 5C 在归纳推理和演绎推理之间选择

练习 5C-1 ： 工程师的梦想

当科技日益成熟后就会趋于稳定和保守	科技日新月异的发展浪潮与物种在演化史中的起伏兴衰颇为类似	科技规模巨大、反应迟钝时，会因无法适应变化而退场	在快速成长、获得成功时，科技规模小、反应速度快	小型的、反应快速的替代性新科技准备接收老迈科技衰亡后留下的利基空间

练习 5C-2 ： 论美国人的处境

补贴警察	征收其他工业化国家所没有的税费	补贴律师	社交衰退对于美国经济有重要影响	可能削减美国人在广阔多变的新组织内工作的适应能力	补贴监狱

练习 5C-3 ：人类权力的来源

结果，资本家取代贵族，成为主要的经济政策制定者	在农业时代，土地是决定利益的关键因素	在工业时代，动力来源成了决定性的因素	资本家取代拥有土地的贵族掌握社会权力，是因为科技的发展

练习 5C-4 ：船员的教育

培养技术熟练的船员要花很长的时间	因此我们需要为他们提供更好的教育	我们需要给船员提供更好的教育	若没有熟练的船员，船只恐怕没什么用	船员工作危险

练习 5C-5 ：爱拼才会赢

与旧系统一起运行，直到完全被证实没有问题	"先做着，再修改"的方法在减少失败成本的同时，增加了成功的机会	无须投入大量的分析和计划工作	架构和测试只需要很少的人力与时间

练习 5C-6 ：整合科技

利用新工具的技巧和经验才是他们获得的真正回报	动机培养	教育系统在培养／提高教师应用科技的能力方面提供的机会太少	学习如何使用计算机只是第一步
改进教育系统	需要缩小技术方面的差距	在把计算机科技整合到课堂教学方面，教师的作用至关重要，但还是有 50% 的教师缺乏相关的训练和支持	

练习 5C-7：美国经济的衰退

1973～1993 年间，美国经济出现衰退	不再有传统的大批量生产与配销优势	资本投资减少	不再独占庞大而又有效率的市场，以及廉价的自然资源

练习 5C-8：规范和信任

并非每个人都会自觉遵守道德规范	大公司也会制定规则，加以限制	需要社会组织结构来建立信任感和道德规范	必须利用社会规则加以限制	社区需要互信，否则不会自发地产生凝聚力

练习 5C-9：干草的发现

阿尔卑斯山北边的城市没有干草无法生存	干草的发明具有决定性影响，使得城市文明的重心从地中海转移到北欧和西欧	因此罗马的辉煌被北欧和西欧取代	罗马帝国并不需要干草	干草推动了北欧的人口增长，文明得以发展

练习 5C-10：竞争

要支付更多的分销和市场营销费用	丧失大规模生产的成本优势	弹性生产和消费者对产品需求的增加，都加大了成本支出	很难达到快速提高生产力的目的

练习 5D　电玩游戏产业

很快就会转换成 CD 游戏	筹组小规模团队	需要吸引中坚游戏玩家	必须依照"最重要的策略"进行	需要具有挑战性的多层过关游戏设计	设计面向未来的产品	必须创造全新产品
无法以现货的方式出售	需要大量程序设计工作、昂贵的硬件设备	采用正确的技术	必须采用昂贵的存储格式（CD）	进行大量初期投资	科技会继续发展	开发一款成功的产品，花费可能超过 100 万美元

练习 6B　找出基础结构

练习 6B-2 ：新的经营模式

预测并且回应员工的需要	我们需要采用新的经营模式	预测和满足客户的需要	维持有生产力的工作环境

练习 6B-3 ：项目计划超支的合理阐述

实施	支持	预估成本	设计

练习 6B-4 ：尖端信息系统

执行力不强	尖端信息系统通常无法达成预期的收益	计划不周全	设计不佳

练习 6B-5： 商机的评估

制定实用的策略	达成共识	设定优先级	回应市场的变动

练习 6B-6： 市场调查的目标

他们如何购买	能够占有多大的市场	确认销售无线通信软件的商机	是谁要购买产品	他们购买了什么

练习 6B-7： 生产力计划的架构

正确的支持架构	正确的产品	正确的管理措施	成为客户的首要选择

练习 6B-8：直销成功的关键

发展恰当的传播方式	制作有针对性的广告传单，明确其在营销中担负的角色	从直销上取得最大的销售成果	进行可行的背景分析

练习 6C　说明采取行动后取得的结果

练习 6C-1： 基金平台运营计划

提供卓越的产品	打响产品在目标市场的知名度	扩大"基金平台"的规模，提高收益率	实现自动化以降低成本

练习 6C-2：第一阶段的步骤

建议采用实际的变更方法	确认关键性的功能	确认经营中的问题	确认能够提升利润的潜在商机

练习 6C-3：关乎质量，不可妥协

超出客户的期望	确定并负责信息及解决方案的整合工作	判断客户的期望	界定客户

练习 6C-4：扩大 GR 的企业规模

判断每个市场区域的可能增长率	确认商机所在的主要领域	按照市场区域对公司业务加以分类	确认公司具有在每个市场区域中参与竞争的能力

练习 6C-5：公司重组的指导原则

清楚规定每位经理人的工作范围	以经济的方式分配资源	维持高利润和低成本的运营方式	规定职位在董事长以下的员工的利润责任额度

练习 6C-6：医疗辅助市场

判断增加每个市场区域占有率所需要的努力	确定公司在医疗辅助市场所能提供的产品和服务商机的策略	确认有吸引力的市场区域	判断各市场区域中的采购方式

练习 6C-7：21 世纪的物流服务供应

确认供应商在这些领域能力的评定标准	比较各种运营市场数据并且得出结论	确认物流服务供应商将面对的主要问题	指出物流市场中所有世界级供应商必须采取的措施	判断供应商必须采取哪些行动，才能克服这些问题

练习 6C-8：BT 航空的运营计划

判断采用新方法所需要的调整	确保主要的客户决策者能够收到最具竞争力的信息	争取新客户，维护老客户	确定 BT 公司的报价具有竞争力	内部的
				外部的

练习 6D 找出各结论之间的共性

练习 6D-1：环境问题的发展

预防或消除环境问题的能力	威胁的程度	环境问题发展的快慢，由其中所牵涉"情绪"的程度而定	游说活动的有效性

练习 6D-2：在土耳其设立一家度假旅馆

优美的自然风光	进出该地区交通方便	开发国际知名度假村的商机	优良的旅游地区

练习 6D-3：跨国计算机系统模型

符合我们的预算	满足我们的需要	执行我们需要的基本功能	处理变动的工作负载量

练习 6D-4：佛罗里达联合银行

佛罗里达联合银行有着在佛罗里达州金融市场扩大经营的坚实基础	佛罗里达联合银行拥有丰富的金融市场资源	佛罗里达联合银行规模庞大，而且仍在成长	佛罗里达联合银行的发展前景良好

练习 6D-5：转换成开放式系统环境

需要培养接受度	需要培养公司内部的专业人员	需要变更实体环境	转换成开放式系统环境的成本很高

练习 6D-6：公司合并的优点

更高的效率	合并两家公司将大幅提高收益	更高的销售业绩	更多有效的寿险保单

后记

现在通过练习，你已经学会如何在写作中运用金字塔原理：

1. 你的论点必须组成金字塔结构，从上到下表达。

2. 金字塔结构中的论点必须遵守 3 个原则：

   - 文章中任意一个层次上的思想是对其下一层次思想的总结概括。
   - 每组中的思想必须属于同一逻辑范畴。
   - 每组中的思想必须按照逻辑顺序组织。

3. 你的思想以这种形式构建完成后，你可以检查其中的纵向关系是否正确：

   - 位于下层的思想必须回答上层思想在读者心中所引发的疑问。

4. 你可以检查其中的横向关系是否正确：

   - 演绎推理的第二个论点必须针对第一个论点做出评述，并且以"因此……"为总结。
   - 归纳推理的论点必须能以单一名词加以描述。

5. 序言必须讲故事：

   - 你的文章在读者心中引起了疑问，引发了冲突，必须借助序言说明其中的背景。

6. 根据本书的练习，可以学会把心中的论点整理成金字塔结构的方法：

   - 说明背景及引发的冲突。

   - 我应该回答冲突引发的什么疑问？

   - 疑问的答案是什么？

   - 用序言来给出答案。

7. 有了正确的问题和答案之后，你就可以将思想组织起来。当你准备把想法写出来的时候，可以：

   - 套用一种格式，让读者更容易理解其中的架构。

请继续实践金字塔原理吧！

图书在版编目（CIP）数据

　　金字塔原理．实战篇 ／（美）芭芭拉·明托著；罗若苹译．—— 3版．—— 海口：南海出版公司，2019.6
　　ISBN 978-7-5442-9483-6

　　Ⅰ．①金… Ⅱ．①芭… ②罗… Ⅲ．①管理学－通俗读物 Ⅳ．①C93-49

　　中国版本图书馆CIP数据核字(2018)第258694号

著作权合同登记号　图字：30-2009-239

金字塔原理．实战篇

〔美〕芭芭拉·明托 著

罗若苹 译

出　　版	南海出版公司　（0898)66568511
	海口市海秀中路51号星华大厦五楼　邮编 570206
发　　行	新经典发行有限公司
	电话(010)68423599　邮箱 editor@readinglife.com
经　　销	新华书店
责任编辑	崔莲花　秦　薇　余梦婷
装帧设计	李照祥
内文制作	博远文化
印　　刷	北京盛通印刷股份有限公司
开　　本	635毫米×975毫米　1/16
印　　张	21.5
字　　数	290千
版　　次	2010年8月第1版　2013年11月第2版　2019年6月第3版
印　　次	2021年5月第55次印刷
书　　号	ISBN 978-7-5442-9483-6
定　　价	88.00元

版权所有，侵权必究
如有印装质量问题，请发邮件至 zhiliang@readinglife.com